dtv

Bill Graf von Fernow hat das Abitur nicht bestanden. Zur Strafe muß er die Ferien auf dem ländlichen Stammsitz verbringen – allein mit seinem weltgewandten Vater, den er nur selten gesehen hat. Tröstlich scheint ihm nur die Aussicht auf ein erotisches Abenteuer, vielleicht mit seiner Cousine Gerda vom Nachbargut. Es wird tatsächlich ein heißer Sommer, aber doch ganz anders als Bill erwartet hat.

Eduard Graf von Keyserling wurde am 15.5.1855 auf Schloß Paddern in Kurland geboren und verbrachte dort seine Kindheit und Jugend. Von 1875–1877 studierte er in Dorpat Jura, Philosophie und Kunstgeschichte. Danach lebte er als freier Schriftsteller in Wien, später in Italien und seit 1899 in München, wo er am 29.9.1918, erblindet und vereinsamt, starb. Er gilt als einer der wenigen bedeutenden impressionistischen Erzähler, der vor allem die ihm vertraute Welt des baltischen Adels meisterhaft nachzuzeichnen vermochte. Seine oft in leise Ironie verhüllte Standeskritik, seine psychologisch feinfühlige Schilderung der erotischen Konflikte trugen ihm den Beinamen eines ›baltischen Fontane‹ ein.

Eduard von Keyserling

Schwüle Tage

Novelle

Deutscher Taschenbuch Verlag

Die Erstausgabe der Novelle
erschien 1906.

Vollständige Ausgabe
Mai 1998
Deutscher Taschenbuch Verlag GmbH & Co. KG, München
© für diese Ausgabe:
Deutscher Taschenbuch Verlag, München
Umschlagkonzept: Balk & Brumshagen
Umschlagbild: ›Garten der Villa am Wannsee‹ (1928) von
Max Liebermann (© VG Bild-Kunst, Bonn 1998)
Gesetzt aus der Bembo 11,3/13,5· (QuarkXPress)
Satz: Fotosatz Amann, Aichstetten
Druck und Bindung: C. H. Beck'sche Buchdruckerei,
Nördlingen
Gedruckt auf säurefreiem, chlorfrei gebleichtem Papier
Printed in Germany · ISBN 3-423-12551-9

Schwüle Tage

Schon die Eisenbahnfahrt von der Stadt nach Fernow, unserem Gute, war ganz so schwermütig, wie ich es erwartet hatte. Es regnete ununterbrochen, ein feiner, schief niedergehender Regen, der den Sommer geradezu auszulöschen schien. Mein Vater und ich waren allein im Coupé. Mein Vater sprach nicht mit mir, er übersah mich. Den Kopf leicht gegen die Seitenlehne des Sessels gestützt, schloß er die Augen, als schlafe er. Und wenn er zuweilen die schweren Augenlider mit den langen, gebogenen Wimpern aufschlug und mich ansah, dann zog er die Augenbrauen empor, was ein Zeichen der Verachtung war. Ich saß ihm gegenüber, streckte meine Beine lang aus und spielte mit der Quaste des Fensterbandes. Ich fühlte mich sehr klein und elend. Ich war im Abiturientenexamen durchgefallen, ich weiß nicht durch welche Intrige der Lehrer. Bei meinen bald achtzehn Jahren war das schlimm. Nun hieß es, ich wäre faul gewesen, und statt mit Mama und den Geschwistern am Meere eine gute Ferienzeit zu haben, mußte ich mit meinem Vater allein nach Fernow, um angeblich

Versäumtes nachzuholen, während er seine Rechnungen abschloß und die Ernte überwachte. Nicht drüben mit den anderen sein zu dürfen, war hart; eine glatt verlorene Ferienzeit. Schlimmer noch war es, allein mit meinem Vater den Sommer verbringen zu müssen. Wir Kinder empfanden vor ihm stets große Befangenheit. Er war viel auf Reisen. Kam er heim, dann nahm das Haus gleich ein anderes Aussehen an. Etwas erregt Festliches kam in das Leben, als sei Besuch da. Zu Mittag mußten wir uns sorgsamer kleiden, das Essen war besser, die Diener aufgeregter. Es roch in den Zimmern nach ägyptischen Zigaretten und starkem, englischem Parfüm. Mama hatte rote Flecken auf den sonst so bleichen Wangen. Bei Tisch war von fernen, fremden Dingen die Rede, Ortsnamen wie Obermustafa kamen vor, Menschen, die Pallavicini hießen. Es wurde viel Französisch gesprochen, damit die Diener es nicht verstanden. Ungemütlich war es, wenn mein Vater seine graublauen Augen auf einen von uns richtete. Wir fühlten es, daß wir ihm mißfielen. Gewöhnlich wandte er sich auch ab, zog die Augenbrauen empor und sagte zu Mama: »Mais c'est impossible, comme il mange, ce garçon!« Mama errötete dann für uns. Und jetzt sollte ich einen ganzen Sommer hindurch mit diesem mir so fremden Herrn allein sein, Tag für Tag allein ihm gegenüber bei Tisch sitzen! Etwas Unangenehmeres war schwer zu finden.

Ich betrachtete meinen Vater. Schön war er, das wurde mir jetzt erst deutlich bewußt. Die Züge waren regelmäßig, scharf und klar. Der Mund unter dem Schnurrbart hatte schmale, sehr rote Lippen. Auf der Stirn, zwischen den Augenbrauen, standen drei kleine, aufrechte Falten, wie mit dem Federmesser hineingeritzt. Das blanke Haar lockte sich, nur an den Schläfen war es ein wenig grau. Und dann die Hand, schmal und weiß, wie eine Frauenhand. Am Handgelenk klirrte leise ein goldenes Armband. Schön war das alles, aber Gott! wie ungemütlich! Ich mochte gar nicht hinsehen. Ich schloß die Augen. War denn für diesen Sommer nirgends Aussicht auf eine kleine Freude? Doch! Die Warnower waren da, nur eine halbe Stunde von Fernow. Dort wird ein wenig Ferienluft wehen; dort war alles so hübsch und weich. Die Tante auf ihrer Couchette mit ihrem Samtmorgenrock und ihrer Migräne. Dann die Mädchen. Ellita war älter als ich und zu hochmütig, als daß unsereiner sich in sie verlieben konnte. Aber zuweilen, wenn sie mich ansah mit den mandelförmigen Samtaugen, da konnte mir heiß werden. Ich hatte dann das Gefühl, als müßte sich etwas Großes ereignen. Gerda war in meinem Alter und in sie war ich verliebt, – von jeher. Wenn ich an ihre blanken Zöpfe dachte, an das schmale Gesicht, das so zart war, daß die blauen Augen fast gewaltsam dunkel darin saßen, wenn ich diese Vision von Blau, Rosa und Gold vor mir sah, dann regte es sich in der Herzgrube fast wie ein Schmerz und doch wohlig. Ich mußte tief aufseufzen.

»Hat man etwas schlecht gemacht, so nimmt man sich zusammen und trägt die Konsequenzen«, hörte ich meinen Vater sagen. Erschrocken öffnete ich die Augen. Mein Vater sah mich gelangweilt an, gähnte diskret und meinte:

»Es ist wirklich nicht angenehm, ein Gegenüber zu haben, das immer seufzt und das Lamm, das zur Schlachtbank geführt wird, spielt. Also – etwas *tenue* – wenn ich bitten darf.«

Ich war entrüstet. In Gedanken hielt ich lange, unehrerbietige Reden: »Es ist gewiß auch nicht angenehm, ein Gegenüber zu haben, das einen immer von oben herunter anschaut, das, wenn es was sagt, nur von widrigen Dingen spricht. Ich habe übrigens jetzt gar nicht an das dumme Examen gedacht. An Gerda habe ich gedacht und wünsche ich darin nicht gestört zu werden.«

Jetzt hielt der Zug. Station Fernow! – »Endlich«, sagte mein Vater, als sei ich an der langweiligen Fahrt schuld.

Es hatte aufgehört zu regnen. Die Linden um das kleine Stationsgebäude herum waren blank und tropften. Über den nassen Bahnsteig zog langsam eine Schar Enten. Mägde standen am Zaun und starrten den Zug an. Es roch nach Lindenblüten, nach feuchtem Laub. Das alles erschien mir traurig genug. Da stand auch schon die Jagddroschke mit den Füchsen. Klaus nickte mir unter der großen Tressenmütze mit seinem verwitterten Christusgesichte zu. Der alte Konrad band die Koffer auf. »Lustig, Grafchen«, sagte er, »schad't nichts.« Merkwürdig, wir tun uns selber dann am meisten leid, wenn die anderen uns trösten. Ich hätte über mich weinen können, als Konrad das sagte. »Fertig«, rief mein Vater. Wir fuhren ab. Die Sonne war untergegangen, der Himmel klar, bleich und glashell. Über die gemähten Wiesen spannen die Nebel hin. In den Kornfeldern schnarrten die Wachteln. Ein großer, rötlicher Mond stieg über dem Walde auf. Das tat gut. Beruhigt und weit lag das Land in der Sommerdämmerung da, und doch schien es mir, als versteckten sich in diese Schatten und diese Stille Träume und Möglichkeiten, die das Blut heiß machten.

»Bandags in Warnow müssen wir besuchen«,

sagte mein Vater. »Aber der Verkehr mit den Verwandten darf nicht Dimensionen annehmen, die dich von den Studien abhalten. Das Studium geht vor.«

Natürlich! das mußte gesagt werden, jetzt gerade, da ein angenehmes, geheimnisvolles Gefühl anfing, mich meine Sorgen vergessen zu lassen.

Es dunkelte schon, als wir vor dem alten, einstöckigen Landhause mit dem großen Giebel hielten. Die Mamsell stand auf der Treppe, zog ihr schwarzes Tuch über den Kopf und machte ein ängstliches Gesicht. Die freute sich auch nicht über unser Kommen. Die Zimmerflucht war still und dunkel. Trotz der geöffneten Fenster roch es feucht nach unbewohnten Räumen. Heimchen hatten sich eingenistet und schrillten laut in den Wänden. Mich fröstelte ordentlich. Im Eßsaal war Licht. Mein Vater rief laut nach dem Essen. Trina, das kleine Stubenmädchen, von jeher ein freches Ding, lachte mich an und flüsterte: »Unser Grafchen ist unartig gewesen, muß nu bei uns bleiben?« Die Examengeschichte war also schon bis zu den Stubenmädchen gedrungen. Ich spürte Hunger. Aber in dem großen, einsamen Eßsaal meinem Vater gegenüberzusitzen, erschien mir so gespenstig, daß das Essen mir nicht schmeckte. Mein Vater tat, als sei ich nicht da. Er trank viel Portwein, sah gerade vor sich hin, wie in eine Ferne. Zuweilen schien es, als wollte er lächeln, dann blinzelte er mit den langen Wimpern. Es war recht unheimlich! Plötzlich erinnerte er sich meiner. »Morgen«, sagte er, »wird eine praktische Tageseinteilung entworfen. Unbeschadet der Studien, wünsche ich, daß du auch die körperlichen Übungen nicht vernachlässigst. Denn« ... er sann vor sich hin, »zu – zum Versitzen reicht's denn doch nicht«. »Was?« fuhr es mir zu meinem Bedauern heraus. Mein Vater schien die Frage natürlich zu finden. Er sog an seiner Zigarre und sagte nachdenklich: »Das Leben.«

Es folgte wieder ein peinliches Schweigen, das mein Vater nur einmal mit der Bemerkung unterbrach: »Brotkügelchen bei Tische rollen, ist eine schlechte Angewohnheit.« Gut! Mir lag gewiß nichts daran, Brotkügelchen zu rollen! Endlich kam der Inspektor, füllte das Zimmer mit dem Geruch seiner Transtiefel und sprach von Dünger, von russischen Arbeitern, vom Vieh, von lauter friedlichen Dingen, die da draußen im Mondenschein schliefen. Zerstreut hörte ich zu und blinzelte schläfrig in das Licht. »Geh schlafen«, sagte mein Vater. »Gute Nacht. Und morgen wünsche ich ein liebenswürdigeres Gesicht zu sehen.« – Ich auch, dachte ich ingrimmig.

Meine Stube lag am Ende des Hauses. Ich hörte nebenan in der leeren Zimmerflucht das Parkett knacken. Die Heimchen schrillten, als feilten eifrige, kleine Wesen an feinen Ketten. Meine Fenster gingen auf den Garten hinaus und standen weit offen. Die Lilien leuchteten weiß aus der Dämmerung. Der Mond war höher gestiegen und warf durch die Zweige der Kastanienbäume gelbe Lichtflecken auf den Rasen. Unten im Parkteich quarrten die Frösche. Und dann drang noch ein Ton zu mir, dort aus dem Dunkel der Alleen, eine tiefe Mädchenstimme, die ein Lied sang, eine eintönige Folge langgezogener Noten. Die Worte verstand ich nicht, aber jede Strophe schloß mit rai-rai-rahr-a-h. Das klang einsam und traurig in die Sommernacht hinaus. Ich mußte wirklich weinen. Es tat mir wohl, dabei das Gesicht zu verziehen wie als Kind. Dann legte ich mich zu Bett und ließ mich von der fernen Stimme im Park in den Schlaf singen: rai-rai-r-a-h. –

Ich hatte den Tisch an das Fenster gerückt und die Bücher aufgeschlagen, denn es war Studierzeit, wie mein Vater es zu nennen liebte. Draußen sengte die Sonne auf die Blumenbeete nieder. Der Duft der Lilien, der Rosen drang heiß zu mir herein, benahm mir den Kopf wie ein sehr süßes, warmes Getränk. Dabei leuchtete alles so grell. Die Gladiolen flammten wie Feuer, die Scholtias waren unerträglich gelb. Der Kies flimmerte. Alle standen sie unbeweglich in der Glut, müßig und faul unter dem schläfrigen Summen, das durch die Luft zog. Mir wurden die Glieder schlaff. Das Buch vor mir atmete einen unangenehmen Schulgeruch aus. Nicht um eine Welt konnte ich da hineinschauen. Nicht einmal denken konnte ich: selbst die Träume wurden undeutlich und schläfrig. Gerda – Gerda – dachte ich. Ja, dann kam das angenehm gerührte Verliebtheitsgefühl in der Herzgrube. Ach Gott! Mir fallen die Augen zu! Nichts geschieht. Etwas muß doch kommen, etwas von dem, was da draußen hinter der warmen Stille steckt, etwas von den Heimlichkeiten. Plötzlich fielen mir Geschichten ein, die wir uns in der Klasse erzählten, wenn wir die Köpfe unter die Bänke steckten, weil wir herausplatzen mußten mit dem Lachen. Ach nein – pfui! Häßlich! Also »Gerda«. – – Der Kies knirschte. Langsam ging das Hausmädchen Margusch am Fenster vorüber. Vorsichtig setzte sie die nackten Füße auf den Kies, als fürchtete sie, er sei zu heiß. Sie wiegte sich träge in den Hüften. Die Brüste stachen in das dünne Zeug des weißen Kamisols. Das Gesicht war ruhig und rosa. Die Arme schaukelten schlaff hin und her. Teufel! Wohin mochte die gehen? Ach, die ging gewiß auch zu den Heimlichkeiten, die draußen in der Mittagsglut liegen und schweigen, und an denen nur ich keinen Anteil habe!

Konrad kam. »Ankleiden«, sagte er, »wir fahren nach Warnow.«

»Hat er's gesagt?«

»Wie denn nicht.«

»Wie fahren wir?«

»Jagdwagen und die Braunen.«

Unterwegs war es so staubig, daß mein Vater und ich die Kapuzen unserer Staubmäntel über den Kopf ziehen mußten. Ganz eingehüllt waren wir in die warme, blonde Wolke, die leicht nach Vanille roch und unleidlich in der Nase kitzelte. Ich wunderte mich, daß mein Vater heiter darüber lachte. Er sprach viel, kameradschaftlich, fast sympathisch: »Was? Antigone hast du studiert? Na, die wird dir heute auch ledern vorgekommen sein. Bei diesen Damen kommt es doch auch auf Beleuchtung an, und Mittagssonne, die ist gefährlich. Was?« Was war es mit ihm heute? Freute er sich am Ende auch auf Warnow? Links und rechts flimmerten die Kornfelder. Der Klang der Sensen drang herüber. Arbeiter, die Gesichter von Hitze entstellt, standen am Wegrain und grüßten. »Arme Racker!« sagte mein Vater. Nun bemitleidete er sogar die Arbeiter!

Vom Hügel aus sahen wir Warnow vor uns liegen: die Lindenallee, das weiße Haus zwischen den alten Kastanienbäumen, die weiß und roten Jalousien niedergelassen, alles in kühle grüne Schatten gebettet. Es wehte ordentlich erfrischend in unsere Sonnenglut herüber, als ob Ellita mit ihrem großen, schwarzen Federfächer uns Luft zufächelte.

In Warnow war alles, wie es sein mußte. Ein jedes Zimmer hatte noch seinen gewohnten Geruch. Der Flur roch nach Ölfarbe und dem Laub der Orangenbäume, die dort standen, der Saal nach dem von der Sonne gewärmten Atlas der gelben Stühle, das Bilderzimmer nach der Politur des großen Schrankes, und bei der Tante roch es nach Melissen und Kamillentee. Die Tante lag auf ihrer Couchette. Sie trug ihren weinroten Morgenrock, die Perlenschnur um den unheimlich weißen Hals. Das Gesicht war mager, freundlich, weiß von Poudre de riz, das rotgefärbte Haar sehr hoch aufgebaut. Neben ihr auf dem Tischchen stand die Alt-Sèvres-Tasse mit ein wenig Kamillentee darin.

»Da bist du, mein lieber Gerd«, sagte die Tante mit ihrer klagenden Stimme, »Gott sei Dank! Jetzt werde ich ruhig. Du wirst Ordnung schaffen.« Mein Vater behielt die Hand der Tante in der seinen und nickte zerstreut. »Ach«, fuhr die klagende Stimme fort, »ich, ein einsames, altes Frauenzimmer, was kann ich tun? Da ist auch mein kleiner Bill«, wandte sie sich an mich, »armer Jung, muß zu uns in die Einsamkeit. Aber quält ihn nicht. Nur nicht quälen!« Dann wurde von der Landwirtschaft gesprochen. Ich durfte Cheri, das Hündchen der Tante, streicheln. »Heute ist Cheris Geburtstag —« erzählte sie, »ich habe einen Kringel backen lassen und alle großen Hunde haben auch davon bekommen. Er wird acht Jahre alt. Ja, wir werden alt. Bill, willst du nicht hinausgehen zu den anderen? Die Marsowschen sind auch da. Jugend will zu Jugend. Was sollst du hier bei einer alten, kranken Frau. Gerd, willst du nicht auch die Mädchen begrüßen? Später haben wir viel miteinander zu sprechen. Ja – geht – geht.«

Unten auf dem Tennisplatz fanden wir die anderen. Die Mädchen in hellen Sommerkleidern, die Tenniskappen auf dem Kopf, ganz von wiegendem Blätterschatten umschwirrt.

»Oho Bill!« rief Gerda und schwenkte ihr Racket. Alles glänzte an ihr wieder zart und farbig. Ellita stand sehr aufrecht da und schaute uns entgegen. Als mein Vater ihre Hand küßte, wurde sie ein wenig blaß und blinzelte mit den Wimpern. Dann lachte sie nervös und griff mir in das Haar: »Da ist ja unser großer, fauler

Junge«, sagte sie. Das mit dem faulen Jungen war taktlos. Aber wenn Ellita einem in die Haare faßte, so war das doch eigen. Die beiden Marsowschen Mädchen, in rosa Musselinkleidern mit goldenen Gürteln, waren wieder zu rosa. Dazu die blonden Wimpern, wie bei Ferkelchen. Mein Vater machte Witze, über die alle lachten. Er hatte es leicht, Witze zu machen! »Komm«, sagte Gerda mir leise. Sie lief mir voran die Kastanienallee hinunter. In der Fliederlaube setzte sie sich auf die Bank, ein wenig atemlos, sie hustete, dabei wurden ihre Augen feucht und rund und sie lächelte dann so hilflos: »Gut, daß du da bist, Bill«, sagte sie. Wir schwiegen. »Warum sprichst du nicht?« fragte sie dann. »Ach ja! Es ist schade, daß du dein Examen nicht gemacht hast. Warum konntest du auch nicht lernen?« Das empörte mich: »Hast du mich gerufen, um davon zu sprechen?« Gerda erschrak.

»Nein, nein. Es ist ja ganz gleich. Aber weißt du, der Vetter Went kommt.«

»So? Na gut«, warf ich hin.

»Freust du dich?«

Ich zuckte die Achseln. »Ich liebe solche hübsche Männer nicht.«

Das ärgerte wieder Gerda: »Das finde ich dumm«, sagte sie und errötete, »er kann doch nichts dafür, daß er hübsch ist. – Er – er soll Ellita heiraten.«

»Oh!«

»Ja, es ist alles hier so unverständlich. Ellita ist böse und traurig. Und ich weiß nicht... Vielleicht kannst du etwas lustig sein. Nimm dich recht zusammen.« Damit lief sie wieder die Allee hinab. Die Füße in den gelben Stiefelchen spritzten den Kies um sich, sorglos wie Kinderfüße. Die blaue Schärpe flatterte im Winde. Den Nachmittag über mußten wir mit den Marsowschen Tennis spielen. Angenehm wurde es erst, als die Sonne unterging. Ich spazierte mit den Mädchen langsam an den Blumenbeeten entlang und machte sie lachen. Am Gartenrande blieben wir stehen und sahen über die Felder hin. Rotes Gold zitterte in der Luft. Der Duft von reifem Korn, blühendem Klee wehte herüber. Die blauen Augen der Mädchen wurden im roten Lichte veilchenfarben. Die Marsowschen Mädchen ließen in tiefen Atemzügen ihre hohen Busen auf- und abwogen und sagten: »Nein – sieh' doch!« Ihre Mieder krachten ordentlich, denn sie trugen noch hohe, altmodischer Mieder. Gerda lächelte die Ferne an. Ich wollte etwas Hübsches sagen, aber wo nimmt man das gleich her! Durch die Kornfelder kamen Ellita und mein Vater gegangen. Ellita ohne Hut unter ihrem gelben Sonnenschirm. Mein Vater sprang über einen Graben wie ein Knabe. Ellita beschäftigte sich mit der Landwirtschaft und hatte meinem Vater wohl die Felder gezeigt.

Beim Mittagessen trank ich etwas mehr von dem schweren Rheinwein als sonst. Das Blut klopfte mir angenehm in den Schläfen, als ich später draußen auf der Veranda saß. Die Nacht war sternhell. Alle Augenblicke lief eine Sternschnuppe über den Himmel und spann einen goldenen Faden hinter sich her. Fledermäuse, tintenschwarz in der Dämmerung, flatterten über unseren Köpfen. Aus der Ferne kamen weiche, schwingende Töne. Die Mädchen saßen vor mir in einer Reihe und hielten die Arme um die Taillen geschlungen, helle Gestalten in all dem Dunkel. Schön, schön! Ich hatte das Gefühl, Emmy Marsow sei in mich verliebt, und Gerda – Gerda auch; alle. Warum bestand nicht die Einrichtung, daß man in solchen Sommernächten die Mädchen in die Arme nehmen durfte und küssen.

Ellita kam aus dem Hause. Sie blieb einen Augenblick stehen, aufrecht und weiß. »Bill«, sagte sie dann, »komm mit mir ein wenig in den Garten hinunter, es ist so schön.«

»Gut«, erwiderte ich ein wenig verdrossen.

Sie legte ihren Arm um meine Schultern und faßte meinen Rockaufschlag, was mich daran erinnerte, wie klein ich für meine achtzehn Jahre war. So gingen wir zwischen den Lilienbeeten den Weg hinunter. Ellitas Arm lag schwer auf meiner Schulter. Ich glaubte zu spüren, wie das Blut sich in ihm regte. Lieber wäre ich eigentlich auf der Veranda geblieben. Ellita war nie recht gemütlich. Jetzt aber begann ich langsam die Hand, die meinen Rockaufschlag hielt, zu küssen. Ellita sprach schnell, ein wenig atemlos von gleichgültigen Dingen: »Gut, daß du diesen Sommer bei uns bist. Auch für Gerda. Sie ist so einsam. Wir reiten zusammen aus, nicht? Denk' dir, den Talboth darf ich nicht mehr reiten, er ist so unsicher geworden.«

Über dem Gerstenfelde auf dem Hügel stieg eine rote Mondhälfte auf, es war, als schwimme sie auf den feinen, schwarzen Grannen: »Das ist schön«, meinte Ellita. »Machst du noch Gedichte? Ach ja, das mußt du.« Während sie zum Monde hinüberschaute, blickte ich in ihr Gesicht. Es mußte sehr bleich sein, denn die Augen erschienen ganz schwarz und glitzerten in dem spärlichen Lichte.

Schritte hörte ich hinter uns. Ellitas Arm auf meiner Schulter zitterte ein wenig. Der Duft einer Zigarre wehte herüber, dann hörte ich meinen Vater sagen: »Ah, ihr laßt euch vom Monde eine Vorstellung geben.«

»Ja, er ist so rot«, erwiderte Ellita, ohne sich umzuschauen.

Als wir den Weg zurückgingen, schritt mein Vater neben uns her. Ich hätte mich gern zurückgezogen, die Lebenslage verlor für mich an Reiz, allein Ellita hielt meinen Rockaufschlag fester als vorher. Ich sollte also bleiben. Mein Vater zog die Augenbrauen empor und sog schweigend an seiner Zigarre.

»Wie stark die Lilien duften«, bemerkte Ellita.

Da begann er zu sprechen. Seine Stimme hatte heute einen wunderlichen Celloklang, den ich bisher nicht bemerkt hatte, so etwas wie eine schwingende Saite. »Hm – ja. Sehr hübsch – alles sehr hübsch. Weich und süß. Nur – so süße Watte ist mir immer ein wenig verdächtig.«

»Süße Watte, wieso?« fragte Ellita gereizt.

Mein Vater lachte, nicht angenehm wie mir schien: »Hm! Sommernacht und Lilien und Einsamkeit, das ist ja schön, aber mir, auf meinen Reisen, geht es so, wenn's ganz weich und süß um mich wird, dann denke ich an das Packen. Ich fürchte mich davor, mich zu versitzen, nicht weiter zu wollen, verstehst du? Man läßt sich gern von dem, was einen etwas glücklich macht, überrumpeln. An allem, was uns binden will, glaube ich, müssen wir ein wenig herumzerren, um zu sehen, ob wir nicht zu fest gebunden sind. Nicht?«

»Nein«, sagte Ellita hart. Ich hörte ihrer Stimme an, daß sie böse war. Warum? Gleichviel. Ich nahm jedenfalls leidenschaftlich für sie gegen meinen Vater Partei: »Nein. Ich behalte, was ich habe. Wenn es auch häßlich ist – oder meinetwegen gestohlen, wenn es mich ein bißchen glücklich macht... Ein anderes? Weiß ich denn...?« Es war, als könne sie vor Erregung nicht weiter sprechen. Sie stützte sich schwerer auf mich; ich spürte, wie dieser Mädchenkörper von einem innerlichen Schluchzen sachte geschüttelt wurde. Ich hätte mitweinen mögen. Mein Herz klopfte mir bis in die Kehle hinauf.

Mein Vater sann vor sich hin, dann sprach die wunderlich schwingende Stimme weiter: »Ich habe einen guten Freund in Konstantinopel, einen Türken. Der sagte mir, wenn er ein Pferd ganz zugeritten hat, wenn er es ganz in seiner Hand hat, dann gibt er es fort und nimmt sich ein frisches. Zugerittene Pferde, an die man sich gewöhnt hat, meint er, sind gefährlich. Man wird unaufmerksam und dann passiert ein Unglück.«

»Er ist sehr vorsichtig, dein alter Türke«, meinte Ellita.

»— Ja – hm«; mein Vater schlug einen leichteren Ton an, »er scheint dir nicht sympathisch zu sein, mein Türke? Aber richtig ist es, das Im-Zügel-Halten ist doch ein Genuß. Und das verstehen die Frauen so schön, ihr – unsere Frauen. Gut, was wild ist, läßt man eine Weile laufen und dann – ein Ruck – und es steht still und es geht wieder, wie wir wollen ...«

»Wie kannst du das sagen!« Ellita schüttelte leidenschaftlich meinen Rockaufschlag. »Du glaubst, wenn du immer wieder sagst, ihr – könnt das, ihr seid solche herrliche Wesen, es ist eure Eigentümlichkeit, so zu sein – dann – dann werden wir so, wie du willst, dann tun wir, was du willst. Und wenn wir dann zu gefügig werden –; was – dann? Wie sagt der alte Türke – ?«

»Ellita«, unterbrach mein Vater sie hastig, dann lachte er gezwungen laut, »ich denke, wir wollen uns über diese Philosophie nicht ereifern. Ich werde nicht sobald mehr deine Lilien angreifen. Übrigens ist es spät; Bill, geh und laß anspannen.«

Als ich mich von den beiden trennte, hörte ich deutlich, wie Ellita sagte: »Gerd, warum quälst du mich?«

Auf dem Heimwege sprachen wir kein Wort miteinander. Die Nacht hatte ihr einsames Singen in den Feldern und an den Wassern. Das

Land lag farblos im Mondlichte da. Mir war, als hätte ich etwas Schmerzliches erlebt. Zu Hause kroch ich zu Bette, sehr schnell, als wollte ich mich vor etwas flüchten. Unten im Park sang wieder die Mädchenstimme ihr Rai-rai-rah. Nebenan hörte ich das Parkett knarren. Es war mein Vater, der ruhelos durch die mondbeschienene Zimmerflucht auf und ab schritt.

Nach jenem mir so unverständlichen Gespräch mit Ellita war mein Vater mir zwar nicht sympathischer, aber interessanter geworden. Ich sah ihn mir den nächsten Tag besonders genau an. Er war ein wenig gelber in der Gesichtsfarbe, an den Augen zeigten sich die feinen Linien deutlicher. Sonst war er wie immer. Keine Spur von Celloklang in der Stimme. Beim Frühstück fragte er Konrad: »Wer singt da des Nachts unten im Garten?«

»Ach«, meinte Konrad, »das is nur die Margusch, das Hausmädchen.«

»Was hat die des Nachts zu singen?«

Konrad lächelte verachtungsvoll: »Das is so 'ne melancholische Person. Sie ging mit dem Jakob, dem Gartenjungen, nu' is der auf dem Vorwerk, hat woll 'ne andere gefunden. Nu is die Margusch toll.«

Mein Vater winkte mit der Hand ab, was so viel hieß als: das ist ja gleichgültig. Ich mußte darüber nachdenken. Um alle, auch um die Hausmädchen, spannen sich diese sommerlich verliebten Dinge, die uns unruhig machen und des Nachts nicht schlafen lassen.

Am Nachmittag ging ich auf das Feld und legte mich auf ein Stück Wiese, das wie eine grüne Schüssel mitten in das Kornfeld eingesenkt lag. Die glatten Wände aus Halmen dufteten heiß und stark. Um mich summte, flatterte und kroch die kleine Geschäftigkeit der Kreatur. Ich schloß die Augen. Gab es denn nichts Verbotenes, das ich unternehmen konnte? Das geschähe meinem Vater schon recht, wenn ich einen ganz tollen Streich beginge. Zügeln, sagte er, das Wilde zügeln. Ich möchte wissen, was ich zügeln soll, wenn ich so abgesperrt werde? Nun kommt noch dieser Went. Die Mädchen sind immer um ihn herum, ekelhaft! Gerda machte ein besonderes Gesicht, als sie von ihm sprach. Unruhig warf ich mich auf die andere Seite. In der Nacht mußte etwas unternommen werden, wobei man aus dem Fenster steigt, Bier trinkt, zum Raunen der Sommernacht gehört.

Auf der Landstraße klapperten Pferdehufe. Ich spähte durch die Halme. Mein Vater und Ellita ritten dem Walde zu; sie im hellgrauen Reitkleide, den großen, weißen Leinwandhut auf dem Kopfe. Sitzen kann die auf dem Pferde!

Stunden könnte man sie ansehen. Ich wollte, ich wäre der dumme Went. Ob das immer so mit den Weibern ist, daß, wenn wir sie ansehen, es uns die Kehle zusammenschnürt, als müßten wir weinen? Mein Vater, der wird sich nicht versitzen. Immer ein Mädchen wie Ellita zur Seite und in den Wald geritten, keine Gefahr, daß der sich langweilt. Ich wollte gleich zu Edse, dem kleinen Hilfsdiener, gehen, der mußte sich für die Nacht etwas ausdenken.

Edse saß am Küchenteich, hatte Schuh und Strümpfe ausgezogen und kühlte seine Füße im Wasser.

»Du, Edse, können wir heute nacht nicht etwas tun?«

»Was denn, Grafchen?« Edse bog seinen großen, blonden Kopf auf die Seite und blinzelte mit den wasserblauen Augen.

»Irgend was. Ich steig zum Fenster hinaus. Er merkt's nicht.«

Edse dachte nach: »Wenn kein Wind is, kann man Fische stechen auf dem See.«

Das war es: »Gut, und Bier muß da sein – und – und, werden auch Mädchen da sein?«

Edse spritzte ernst mit den Füßen das Wasser um sich: »Nee –« meinte er, »beim Fischestechen sind keine Mädchen. Der Krugs-Peter und ich.«

»Gut, gut. Ich weiß«, sagte ich befangen.

Es ging bereits auf Mitternacht, als ich aus meinem Fenster in das Freie hinausstieg. Der Himmel war leicht bewölkt, die Nacht sehr dunkel. Wie ein warmes, feuchtes Tuch legte die Luft sich um mich. In den Kronen der Parkbäume raschelte der niederrinnende Tau und flüsterte heimlich. Ein Igel ging auf die Mäusejagd den Wegrain entlang. Eine Kröte saß mitten auf dem Fußpfad und machte mir nicht Platz. Alles nächtliche Kameraden des Abenteurers. Vom See her leuchtete ein flackerndes Licht. Edse und Peter waren schon bei dem Boot und machten Feuer an auf dem Rost. Ich ging quer durch ein feuchtes Kleefeld, dann durch einen Sumpf, in dem jeder Schritt quatschte und schnalzte. Das war gut, das gehörte dazu.

»Aha«, sagte Edse, und wischte sich mit dem Ärmel die Tränen fort, die der Rauch ihm in die Augen getrieben hatte. »War woll nich leicht, wegzukommen?«

»Ja, es dauerte«, sagte ich kühl. Edsens Vertraulichkeit mißfiel mir: »Nun können wir losfahren.«

Peter stieß mit einer langen Stange das Boot lautlos über das Wasser. Edse und ich standen mit unseren Dreizacken am Bootsrande und lauerten auf die Fische. Das Feuer auf dem Rost an der Bootsspitze erfüllte die Luft mit Rauch und Harzgeruch. Lange Schwärme von Funken zogen über das schwarze Wasser, zischten und flüsterten beständig. Wir schwiegen alle drei, sehr aufmerksam in das Wasser starrend. Wunderlich war die Glaswelt unten mit den fetten Moosen, den fleischfarbenen Stengeln, dem lautlosen Abundzu langer Beine, dünner, sich schlängelnder Leiber. Zwischen den Schachtelhalmen zogen die Karauschen hin, breite, goldene Scheiben. Wo es klar und tief war, lagen die Schleie tintenschwarz im schwarzen Wasser: »Fettes Schwein«, sagte Edse, wenn er einen am Eisen hatte. Nahe dem Ufer aber, auf dem Sande, schliefen die Hechte, lange, silbergraue Lineale. Ein angenehmes Raubtiergefühl wärmte mir das Herz. Wenn wir in das Rohricht gerieten, dann rauschte es an den Flanken des Bootes, als führen wir durch Seide, und hundert kleine, erregte Flügel umflatterten uns. Ein Taucher erwachte und klagte leidenschaftlich. Edse und Peter kannten das alles, sie waren Stammgäste in dieser wunderlichen Nachtwelt: »Aha, die Rohrschwalben«, sagte Edse: »Na, na, geht nur wieder schlafen, kleine Biester. Was schreit der Taucher heute so, als wenn einer ihm seine Mutter abschlachtet?« Plötzlich wurde das Wasser von unzähligen Punkten getrübt. »Es regnet«, meldete Peter. »Nicht lange«, entschied Edse. Das Boot wurde unter eine überhängende Weide gestoßen, wir legten die Eisen fort und begannen zu trinken. Selbst das Bier schmeckte nach Rauch und Harz. Edse sprach von den Fischen, blinzelte in das Feuer, und wenn er trank, wurden seine Augen klein und süß. Zuweilen horchte er in die Nacht hinaus und deutete die Geräusche: »Das is der Kauz. Jetzt bellen die Hunde am schwarzen Krug. Die fremden Arbeiter gehen jede Nacht zu den Marjellen.« Ich war ein wenig enttäuscht. Das Fischestechen war ja gut, aber es sollte doch noch etwas Besonderes kommen. Jetzt gähnte Peter, seinen Ho-ho-ho-Laut auf den See hinausrufend. Nein, so ging es nicht. Ich begann schnell zu trinken. Das half. Ein leichter Schwindel wiegte mich. Die Gegenstände nahmen eine wunderliche Deutlichkeit an, rückten mir näher; die schwarzen Zweige, der Frosch auf dem Blatt der Wasserrose. Dabei hatte ich das Gefühl, als säße ich hier in einer gewagten und wüsten Lebenslage. Wenn Gerda mich so sähe, ihre Augen würden ganz klar vor Verwunderung werden. Mit der mußte ich auch anders sprechen, sie war doch auch nur ein Weib: »Warum sprecht ihr nicht? Erzählt was«, befahl ich.

Edse grinste. »Ja«, begann er langsam, »morgen wird's wieder gut, das Wetter.«

»Nicht so was«, unterbrach ich ihn und spie mit einem Bogen in den See, »was anderes. Sag, was ist denn die Margusch für 'ne Person?«

»Dumm is sie«, meinte Edse.

Peter kicherte: »Da wollt' ich mal heran zu ihr...«, aber Edse unterbrach ihn. »Das wollen Herrschaften nich hören.« Hören wollte ich es zwar, allein ich sagte nichts. Der Regen hatte aufgehört. Wir griffen zu den Eisen. Aber die Glieder waren mir schwer und die Fische wurden mir gleichgültig. Auch kroch schon eine weiße Helligkeit über das Wasser und machte es spiegeln: »Ans Ufer«, kommandierte ich.

Während ich am Ufer auf einem Baumstumpf saß und zuschaute, wie die Jungen die Fische zählten, merkte ich, daß ich anfing, traurig zu werden. Wie die Nacht sich langsam erhellte, wie sie anfing, grau und durchsichtig zu werden und die Gegenstände farblos und nüchtern dastanden, das war mir unendlich zuwider. »Jetzt noch was«, sagte ich mit Anstrengung. »So?« meinte Edse und gähnte. »Gähne nicht«, befahl ich, »dazu bin ich nicht herausgekommen. Zu Mädchen gehen wir.« Die Jungen schauten sich schläfrig an. Ich hätte sie schlagen mögen.

»Na, dann gehen wir zum Weißen Krug. Die Marrie und die Liese schlafen im Heu«, beschloß Edse gleichmütig.

Wir schritten quer durch den Wald, schlichen gebückt durch das Unterholz, das seine Tropfen auf uns niederregnete, die Farnwedel schlugen naß um unsere Beine. Das war heimlich, das gab wieder Stimmung. Jetzt noch durch einen Kartoffelacker, dann lag der Weiße Krug vor uns auf der Höhe an der Landstraße. Sehr still schlief er in dem grauen Lichte des heraufdämmernden Morgens, selbst grau und schäbig. An dem Gartenzaun entlang kriechend, gelangten wir zum Stall: »Rauf«, sagte Edse und wies auf die Leiter, die zum Futterboden hinaufführte.

Oben war es finster und warm. Das Heu duftete stark. Überall knisterte es seidig: »No«, sagte Edse wieder. Vor mir lagen zwei dunkle Gestalten. Also die Mädchen. Ich setzte mich auf das Heu am Boden. Das Blut sang mir in den Ohren. Die Augen gewöhnten sich an die Dämmerung. Die Jungen raschelten im Heu und flüsterten. Jetzt mußte ich etwas tun. Ich streckte die Hand aus und ergriff einen heißen Mädchenarm. Das Mädchen richtete sich schnell auf, griff nach meiner Hand, befühlte langsam jeden Finger. Dann kicherte sie, ich hörte, wie sie dem anderen Mädchen zuflüsterte: »Du, Liese, der Jungherr.« Nun hockten beide Mädchen vor mir, große, erhitzte Gesichter von weißblonden Haaren umflattert, die nackten

Arme um die Knie geschlungen. Sie sahen mich mit runden, wasserblauen Augen an und lachten, daß die Zähne in der Dämmerung glänzten. »Was der für Hände hat!« sagte Marrie. Nun griff auch Liese nach meiner Hand, befühlte sie, betrachtete sie, wie eine Ware und legte sie dann vorsichtig auf mein Knie zurück. »Sei nicht dumm, komm«, sagte ich mit heiserer Stimme. Aber sie entzog sich mir: »Es is Zeit, runter zu gehen«, meinte sie.

Raschelnd, wie die Wiesel, schlüpften die Mädchen durch das Heu und glitten die Leiter hinunter.

»Es ist zu hell, da sind die Biester unruhig«, behauptete Edse.

»Sie haben den Jungherrn an den Händen erkannt«, meinte Peter und gähnte wieder sein lautes Ho-ho: »Muß man auch runter.«

Unten im kleinen Garten standen die Mädchen zwischen den Kohlbeeten. Sie traten von einem Fuß auf den anderen, denn die nackten Füße froren in dem taufeuchten Kraut. Die Arme kreuzten sie über den großen, runden Brüsten und sahen mich ernst und neugierig an.

»Stehn, wie so'n Vieh«, äußerte Edse. Da ging Marrie zu einem umgestürzten Schiebkarren, wischte mit ihrem Rock den Tau fort und sagte: »So, hier kann der Jungherr sitzen.«

Ich thronte auf dem Schiebkarren. Peter hatte angefangen, mit Liese zu ringen. Sie fielen zu Boden und wälzten sich auf dem nassen Grase. »Er ist nicht schläfrig«, bemerkte Marrie zu Edse und deutete auf mich, wie man von einem Kinde in seiner Gegenwart zu einem Dritten spricht. Dann brach sie einige Stengel Rittersporn und Majoran ab. »Da«, sagte sie, »damit Sie auch was haben.« Als ich meine Hand auf ihre Brust legen wollte, trat sie zurück und lächelte mütterlich.

Peter und Liese hatten sich durch den Garten gejagt und waren hinter dem Holzschuppen verschwunden. Marrie wandte sich jetzt ruhig ab und ging, die Füße hoch über die Kohlpflanzen hebend, ihnen nach. Dann war auch Edse fort. Hinter dem Schuppen kicherten sie. Es wurde schon ganz hell, solch eine nüchterne, strahlenlose Helligkeit, die müde macht. Über mir sangen die Lerchen in einem weißen Himmel unerträglich schrill und gläsern. Ich fühlte mich sehr elend und allein mitten unter den Kohlpflanzen. Ein großer Zorn stieg schmerzhaft in mir auf, aber ein Zorn, wie wir ihn als Kind empfinden, wenn wir am liebsten die Hände vor das Gesicht schlagen und weinen. Ich stand auf und schlich mich durch den aufdämmernden Morgen heim.

Vetter Went war in Warnow angekommen. Von der kleinen Wiese im Gerstenfelde aus sah ich ihn, Ellita und meinen Vater wie eine Vision von bunten Figürchen fern am Waldessaum entlang reiten. Ich war so gut wie vergessen, an mich dachte niemand. Dann kam Went eines Tages zum Frühstück herübergeritten. Ich liebte ihn nicht sonderlich. Er war von oben herab mit mir und nannte mich Kleiner. Dennoch war es angenehm, ihn anzusehen. Die scharfen, ruhigen Züge hatten etwas Festliches. Dazu das krause, blonde Haar, der ganz goldene Schnurrbart. Es mußte etwas wert sein, mit dieser Figur und diesem Gesichte am Morgen aufzustehen, sie den ganzen Tag über mit sich herumzutragen, nachts damit schlafen zu gehen. Mit dieser Figur und diesem Gesicht konnte keiner sich ganz gehen lassen.

»Also durchgefallen?« sagte er mir. »Na, so beginnen wir alle unsere Karriere.«

Während des Essens sprach er mit meinem Vater über militärische Sachen. Mein Vater war heute besonders ironisch. Er widersprach Went beständig, setzte ihn mit kurzen Warums und Wiesos in Verlegenheit und lachte unangenehm. Wents: »Nein, bitte sehr, lieber Onkel« klang immer gereizter und hilfloser!

Später ging ich mit Went die Gartenallee

hinab. Wir schwiegen. Went köpfte mit seiner Reitgerte die roten Floxblüten.

»Er hat was gegen mich«, murmelte er endlich.

»Ja, natürlich«, erwiderte ich, »gegen mich auch. So ist er immer.«

»Gegen dich?« Went lachte: »Ja so, wegen des Nachlernens.«

Das ärgerte mich: »Dir kann es gleich sein, aber ich bin in seiner Macht. Hier eingesperrt zu werden wie ein Kanarienvogel, ist lächerlich. Er ist ja gewiß ein feiner, patenter Herr, aber er denkt nur an sich. Die anderen liebt er nicht, wenn – wenn es nicht zufällig Damen sind.«

Went schaute überrascht auf: »Na, Kleiner, du machst dir keine Illusionen über deinen Erzeuger. Du hast übrigens unrecht. Hier ist es hübsch.«

Ich zuckte die Achseln: »Ach, so 'ne süße Watte.«

»Süße Watte? Wo hast du das her?« bemerkte Went.

Nach einigen Tagen sagte mein Vater mir beim Frühstück: »Wir fahren heute nach Warnow. Deine Cousine Ellita hat sich mit Went verlobt. Heute ist Verlobungsdiner.«

Ich brachte nur ein: »Ach wirklich?« hervor.

Mein Vater beugte sich über seinen Teller und

murmelte: »Wieder ist das Filet hart – ja«, dann fügte er hinzu: »Ein freudiges Ereignis. Ich freue mich.«

Er sah heute müde aus, aber das stand ihm gut. Er bekam dadurch einen fein unheimlichen Römerkopf. Behaglich war es nicht, ihm gegenüberzusitzen, aber nicht alltäglich. Es war etwas an ihm, das neugierig machte.

Daran dachte ich, als ich im Wohnzimmer mich auf dem Diwan ausstreckte. Die grünen Vorhänge waren vor der Mittagssonne zurückgezogen. Die Fliegen kreisten summend um den Kronleuchter. Die Blumen welkten in den Vasen. Draußen kochte der Garten in der Mittagsglut. Ich hörte es ordentlich durch die Vorhänge hindurch, wie das leise Singen eines Teekessels. Ich schloß die Augen. Heute war wenigstens etwas Angenehmes vor. Ich dachte an Gerda, ließ das schöne Liebesgefühl mir sanft das Herz kitzeln. Dann standen die beiden Krugsmädchen deutlich vor mir – in den graublauen Kohlpflanzen, die Haare voller Halme und gleich darauf war es wieder Ellita, sie legte ihren warmen, königlichen Arm um meine Schultern und duftete nach Heliotrop. Ach ja, alle diese Mädchen, diese lieben Mädchen! Die Welt ist voll von ihnen! Das ließ mich tief und wohlig aufatmen.

Ich fuhr aus dem Halbschlummer auf. Es mußte Zeit sein, sich anzukleiden. Die tiefe Ruhe im Hause war mir verdächtig. Daß die Fahrt nur nicht in Vergessenheit gerät! Ich beeilte mich mit dem Ankleiden, lief in den Stall, um Kaspar anzutreiben. Ich war froh, als der Wagen vor der Tür hielt. Konrad stand auf der Treppe und sah nach der Uhr.

»Kommt er?« fragte ich.

»Fertig is er«, meinte Konrad.

So warteten wir. Die Pferde wurden unruhig. Kaspar gähnte.

»Er hat's vergessen«, bemerkte ich.

Konrad zuckte die Achseln: »Gemeldet hab' ich. Noch 'n mal geh ich nich.«

»Dann geh ich«, beschloß ich.

Ich lief zu dem Arbeitszimmer meines Vaters, öffnete zaghaft die Tür und blieb regungslos stehen. Dort geschah etwas Unerklärliches. Mein Vater, in seinem Gesellschaftsanzuge, saß am Schreibtisch auf dem großen Sessel. Er stützte die Ellbogen auf die Knie, barg das Gesicht in die Hände, wunderlich in sich zusammengekrümmt, und weinte. Ich sah es deutlich – er weinte; die Schultern wurden sachte geschüttelt, die Stirn zuckte, das Haar war ein wenig in Unordnung geraten, der Saphir an dem Finger der über das Gesicht gepreizten Hand leuchtete in einem Sonnenstrahl, der sich durch den Vorhang stahl. Angst erfaßte mich, eine Angst, wie wir sie im Traum empfinden, wenn das Unmögliche vor uns steht. Ich zog mich zurück und schloß leise die Tür. Vor der Tür stand ich still. Ich fühlte, wie meine Mundwinkel sich verzogen, als müßte auch ich weinen.

»Er kommt schon«, meldete ich draußen.

»Wie sehen Sie denn aus, Jungherr?« fragte Konrad.

»Ich sehe aus, wie ich will«, antwortete ich hochmütig.

Ich setzte mich auf die Treppenstufen und sann dem Bilde nach, das ich eben gesehen hatte. Hier lag wieder alles unverändert alltäglich im gelben Sonnenschein vor mir und dort drinnen saß die in sich zusammengekrümmte Gestalt mit den tragisch über das Gesicht gespreizten Händen. Etwas Unbegreifliches war in der Verschwiegenheit der Mittagstunde entstanden.

Dann kam mein Vater, in seinen weißen Staubmantel gehüllt, das Gesicht ein wenig gerötet vom Waschen: »Du schimpfst wohl schon«, sagte er lustig. Auf der Fahrt unterhielt er mich liebenswürdig. Er sprach ernsthaft mit mir über Familienangelegenheiten. Er freute sich über die gute Partie, die Ellita machte. Für eine starke Natur wie Ellita war es ungesund, Jahr für Jahr in der ländlichen Einsamkeit zu sitzen und sich in den kleinen Verhältnissen abzumühen. Solche Frauen müssen mitten in der großen Welt auf hohen, kühlen Postamenten stehen, sonst wird ihr Gemütsleben krank.

In Warnow saß die Tante in großer Toilette unter ihren Gästen auf der Veranda; neben ihr der alte Hofmarschall von Teifen, das Haar kohlschwarz gefärbt und unerträglich stark parfümiert. Die Mädchen trugen weiße Kleider und Rosen im Gürtel, die Herren hatten sich Tuberosen in das Knopfloch gesteckt. Die Ranken des wilden Weines streuten zitternde Schatten über all die Farben, machten mit ihrem grünlichen Grau die Gesichter blasser, die Augen dunkler. Der alte Marsow hatte eine weißseidene Weste über seinen runden Bauch gezogen und sprach sehr laut schlecht von den Ministern. Dazwischen erzählte die klagende Stimme der Tante dem Hofmarschall von einer Gräfin Bethusi-Huk, die vor langen Jahren in Karlsbad freundlich zu ihr gewesen war. Ellita saß abseits. Sie streichelte nachdenklich die Federn ihres Fächers und machte ihr schönes, mißmutiges Gesicht: »Ihr alle hättet auch fortbleiben können«, stand darauf zu lesen.

»Wo ist der Bräutigam?« fragte mein Vater.

Er sei mit Gerda unten im Garten, hieß es.

»Der hat mit einer Schwester nicht genug«, dröhnte die Stimme des alten Marsow. Niemand lachte über diese Taktlosigkeit.

»Bill, willst du nicht hinuntergehen, sie rufen«, sagte Ellita.

Ich fand die beiden unten bei der Hängeschaukel. Went stand auf der Schaukel und schaukelte sich. Er flog sehr hoch, fast bis in die Zweige der Ulme hinauf. Tadellos fein sah er aus. Sehr schlank in seine blaue Uniform geknöpft, der Kopf in der Sonne wie mit Gold bedeckt. Gerda schaute zu ihm auf, die Lippen halb geöffnet, die Augen rund und wie in einen erregenden Traum verloren. Die Hand legte sie auf die Brust in einer Bewegung, die ich an ihr nicht kannte, ganz fest die rechte Brust zusammendrückend. Sie bemerkte es nicht, daß ich neben ihr stand, und die Eifersucht machte mich ganz elend.

»Tag, Gerda«, sagte ich heiser.

Sie schreckte zusammen und sah mich mit dem unzufriedenen Blick eines Menschen an, der im Schlafe gestört wird. Das hatten beide Warnower Mädchen, sie konnten plötzlich aussehen wie schöne, böse Knaben.

»Ach du, Bill!« sagte sie. Freundlich klang das nicht.

»Ihr schaukelt hier?« fragte ich, um etwas zu sagen.

»Ja – sieh ihn«, erwiderte Gerda, schaute empor und wieder legte sich das Traumlächeln über ihr Gesicht.

Went hatte mit dem Schaukeln aufgehört und ließ die Schaukel ausschwingen. Er lehnte sich leicht gegen eine der Stangen, präsentierte seine gute Gestalt sehr vorteilhaft. Mir war er zuwider, wie er so dastand und sich von Gerdas Augen anstrahlen ließ.

»Statt zu schaukeln, solltest du zu den anderen gehen«, rief ich zu ihm hinauf: »Ellita fragt nach dir.«

Er sprang ab: »Ellita schickt dich? Ist sie unzufrieden?« fragte er.

»Natürlich«, log ich.

»So – so: na, dann, Kinder, geh' ich voraus.« Ich fand, er sah aus wie ein ängstlicher Schuljunge. Eilig lief er dem Hause zu. Ich lachte schadenfroh.

»Er hat Angst vor ihr«, bemerkte ich.

»Er! Was fällt dir ein!« Gerda wandte sich böse von mir ab und setzte sich auf die Bank. Dann versank sie in Gedanken.

»Was habt ihr beide soviel miteinander zu besprechen?« fragte ich gereizt.

»Von Ellita sprechen wir natürlich, immer

von ihr«, erwiderte Gerda noch immer sinnend. »Went hat mir viel zu denken gegeben.«

»Er sollte lieber selbst für sich denken!« Ich war so böse, daß ich ein Ahornblatt mit den Zähnen zerreißen mußte.

Gerda schaute auf. Wirklicher Kummer lag auf ihrem Gesichte, etwas Erstauntes und Hilfesuchendes. Die Augen wurden feucht: »Warum sprichst du so? Du weißt doch nicht...«

»Was hat er dich traurig zu machen«, murmelte ich kleinlaut. Die Liebe schnürte mir die Kehle zusammen. Am liebsten hätte auch ich geweint, wenn das angängig gewesen wäre.

Gerda begann zu sprechen, schnell und klagend. Es war nicht für mich, das sie sprach, sie mußte es heraussagen: »Warum muß Ellita so schlecht gegen ihn sein? Er liebt sie doch. Und nun kann sie ja fort von hier, hinaus. Das will sie doch. Er tut ihr nur Gutes. Aber sie war immer so, ich weiß, jetzt wird sie nicht mehr einsam sein und arm.«

»Arm?«

»Ja, Ellita sagt, wir sind arm.«

»Aber es ist doch alles so fein hier bei euch?« wandte ich ein.

»Ach!« meinte Gerda, »das ist nur wegen der Mama, weil sie bei Hof war und eine *beauté*, da muß sie das haben.«

»Ach ja, das war damals, als sie sich so schrecklich tief dekolletierte, wie auf dem Bilde im Saal«, bestätigte ich.

»Sei nicht dumm«, fuhr Gerda mich an: »Gewiß sind wir arm und müssen immer hier sitzen. Und wenn alles verschneit ist und keiner zu uns kommt und in den Zimmern die Öfen beizen und Kerzen gespart werden, dann geht Ellita durch die Zimmer, immer auf und ab wie ein Eisbär, und spricht mit keinem und sieht Mama und mich böse an. Oder sie geht in ihr Zimmer und tanzt stundenlang allein Bolero, in der Nacht weint sie. Ich hör' es nebenan. Sie tut mir leid, aber es ist auch zum Fürchten. Aber jetzt hat sie ja alles. Warum ist sie nicht froh? Warum quält sie Went? Warum weint sie nachts? Warum tanzt sie noch allein Bolero?« Jetzt hingen Tränen an Gerdas Wimpern, runde Tröpfchen, die in der Sonne blank wurden: »Ja – etwas Trauriges geht jetzt immer zwischen uns herum. Ich weiß nicht, was es ist.«

Ich wußte auf all das nichts zu sagen. Ich griff daher nach Gerdas Hand und begann sie zu küssen. Aber sie entzog sie mir: »Bill, sei nicht lächerlich. Komm, schaukle mich lieber.«

Sie setzte sich auf die Schaukel, bog den Kopf zurück, schaute mit verzückten Augen empor, ganz regungslos, nur die Füßchen in den weißen Schuhen bewegten sich nervös und ruhelos. Während ich die Schaukel hin und her warf, hing ich meinen trüben Gedanken nach: Natürlich war Gerda in diesen Went verliebt. Sie weinte um ihn, jetzt dachte sie an ihn und erlebte aufregende, traurige Dinge mit ihm, und ich war ein gleichgültiger Schuljunge, der arbeiten sollte und nicht mitzählte. Das kränkte mich so, daß ich nicht mehr schaukeln mochte.

»Warum schaukelst du nicht?« fragte Gerda aus ihrem Traum heraus.

»Weil ich nicht will«, erwiderte ich: »Weil«, ich suchte nach etwas Grausamem, das ich sagen könnte: »Weil ich nichts davon habe, dich zu schaukeln, damit du besser an deinen Went denken kannst.«

»Meinen Went?« Gerda errötete wie immer, wenn sie böse war, ein warmes Zentifolienrosa, das bis zu den blanken Stricheln der Haarwurzeln hinaufstieg.

»Gewiß, ihr seid alle in diesen Affen verliebt.« Es tat mir zwar leid, daß ich das sagte, aber gesagt werden mußte es.

Schweigend stieg Gerda von der Schaukel, zog ihre Schärpe zurecht, dann, sich zum Gehen wendend, bemerkte sie mit einer Stimme, die überlegen, erwachsen klang, die Gerda weit von mir fortrückte: »Weißt du, Bill, bei dem Allein-in-Fernow-Sitzen hast du recht schlechte Manieren bekommen. Es tut mir leid, daß ich mit dir gesprochen habe.«

»Bitte«, sagte ich trotzig.

Gerda ging. Ich blieb noch eine Weile auf der Bank sitzen. Also die einzige Freude, die ich diesen Sommer hatte, war mir auch verdorben. Nicht einmal mich ruhig zu verlieben hatte ich das Recht. Die anderen liebten und wurden geliebt, sie hatten ihre Geheimnisse und ihre Tragödien; ich hatte nur die verschimmelten Bücher. Denn, wenn Gerda sagte, ich hätte schlechte Manieren, so war das nicht einmal etwas, das man Schmerz nennen kann. Na, sie sollten sehen. Ich würde mir schon etwas ausdenken!

Während des Mittagessens versuchte ich mein Elend niederzutrinken. Das brachte wieder ein wenig Festlichkeit in mein Blut. Ich fand die lange Tafel lustig. Wenn ich an den großen Rosensträußen vorüber auf die Mädchengesichter sah, erschienen sie mir sehr weiß mit unruhigem Glanz in den Augen und zu roten Lippen. Alles zitterte vor meinen Augen. Ich mußte lachen und wußte nicht worüber. Ich saß zwischen den beiden Marsows. Die fetten, weißen Schultern streiften meine Rockärmel. Ich glaubte die Wärme der runden Mädchenkörper zu spüren. Sie kicherten viel über das, was ich ihnen sagte.

Mein Vater hielt eine Rede. Während er dastand, die Tuberose im Knopfloch, das Sektglas in der Hand und ein wenig lächelte, wenn die anderen über seine Witze lachten, versuchte ich an die Gestalt dort im Arbeitszimmer zu denken. Aber es schien, als hätten diese beiden Gestalten nichts miteinander zu tun.

Er sprach von Vorfahren, und von der Ehe, daß sie ein beständiges Friedenschließen sei. Darüber wurde gelacht. Dann wurde es ernst. Aber – hieß es – sie ist auch ein Postament, ein Altar – »unsere Ehen«, auf dem die Frau – »unsere Frauen« geschützt und heilig steht. Denn unsere Frauen sind die Blüte unserer adligen Kultur, sie sind Repräsentantinnen und Wahrerinnen von allem Guten und Edlen, das wir durch Jahrhunderte hindurch uns erkämpft. Das »unser« wurde mit einer weiten Handbewegung begleitet, welche die ganze Gesellschaft zusammenzuschließen und sehr hoch über die anderen, die nicht wir waren, emporzuheben schien. Alle hörten andächtig zu. Die alte Exzellenz nickte mit dem Köpfchen. Der alte Marsow lehnte sich in seinen Stuhl zurück, machte einen spitzen Mund und versuchte sehr würdig auszusehen. Ich fühlte selbst einen angenehmen

Hochmutskitzel. Es war doch gut, zu hören, daß man seine eigene Kultur hatte. Es wurde Hoch gerufen und man stieß mit den Gläsern an. Der Schluß der Mahlzeit war für mich ein wenig verschwommen. Ich war froh, als es zu Ende war und ich auf die Veranda hinausgehen durfte.

Ich setzte mich in den Mondschein, wie unter eine Dusche. Angenehme Gedanken gingen mir durch den Kopf.

Gerda erschien auf der Veranda. Sogleich war ich bei ihr. Ich faßte das Ende ihrer Schärpe: »O, Bill, du bist es. Warum bist du hier allein?« fragte sie.

»Ich bin hier allein«, begann ich, »weil ich verzweifelt darüber bin, daß wir uns gezankt haben. Wollen wir uns versöhnen. Du weißt, wie sehr ich dich liebe.«

Sie trat ein wenig zurück, als wäre sie ängstlich: »Pfui, Bill«, rief sie, »du hast zuviel getrunken. Schäm' dich.«

Dann war sie fort. Was sollte ich tun. Sie fürchtete sich vor mir. Sie sagte pfui zu mir. Nun war alles aus. Nun hatte ich meinen großen Schmerz. Ich setzte mich auf die Bank, schlug die Hände vor das Gesicht, saß da – wie – wie er – dort im Arbeitszimmer. Weinen konnte ich nicht. Es war mehr Grimm gegen die da drinnen, was mir das Herz warm machte. Ich stieg auf die Bank und schaute durch das Fenster in den Saal.

Da saßen sie alle beieinander. Wie sie die Lippen bewegten, ohne daß ich ihre Worte hörte, wie sie den Mund aufsperrten, ohne daß ein Ton zu mir drang, das sah gespenstisch aus. Die Tante in ihrem weißen Spitzenburnus lag in der Sofaecke wie eine abgespielte Puppe, die man neu bekleidet hat. Der alte Marsow streckte sich in einem Sessel aus, sehr rot im Gesicht. Die Exzellenz saß zwischen den Marsowschen Mädchen und schnüffelte mit der spitzen Nase wie eine Maus, die Zucker wittert. Und plötzlich machten sie alle andächtige, süße Gesichter, denn im Nebenzimmer sah ich Went am Klavier stehen. Er sang: »Sei mir gegrüßt – sei mir geküßt –«, die Augen zur Decke emporgeschlagen, wiegte er sich sacht hin und her, und sein Tenor goß den Zucker nur so in Strömen aus. Wie unverschämt diese süße Stimme war! Wie sie den Raum füllte, die Leute kitzelte, daß sie die Gesichter verzogen, die Mädchen auf die feuchten, halbgeöffneten Lippen zu küssen schien. Mir war sie zuwider. Währenddessen kamen, wie Bilder einer *Laterna magica*, zwei Gestalten vor meinem Fenster aufeinander zu. Ellita, aufrecht und weiß, den Kopf ein wenig zurückgezogen, die Lippen fest geschlossen. Oh! Die ließ sich nicht von der schmachtenden Stimme küssen! Ellita hatte eine Art zu gehen, die ihr Kleid ganz gehorsam ihrer Gestalt machte. Es schien mir immer, als müßte der weiße Musselin warm von ihrem Körper sein. Von der anderen Seite kam mein Vater. Sie standen sich gegenüber. Er sagte etwas, lächelte, strich mit der Hand über den Schnurrbart. Sie aber lachte nicht, ihr Gesicht wurde streng, böse – sie schaute meinem Vater gerade in das Gesicht wie jemand, der kämpfen will, der nach einer Stelle sucht, auf die eine Wunde gehört. Ich fühlte es ordentlich, wie ihr Körper sich spannte und streckte. Mein Vater machte eine leichte Handbewegung, sein Ausbruch jedoch veränderte sich, er biß sich auf die Unterlippe, seine Augen blickten scharf, erregt, gierig in Ellitas Augen, grell von der Lampe beleuchtet sah ich, wie sie flimmerten, wie sie sich in Ellitas Gesicht festsogen. Sie beugte langsam den Kopf, schlug die Augen nieder, schloß sie. Sie wurde sehr bleich und stand da, demütig, als wäre alle Kraft von ihr genommen. Ich konnte das nicht mit ansehen. An alledem war etwas, das mich seltsam verwirrte. Ich trat von dem Fenster zurück. Meine Gedanken irrten erregt um etwas herum, das ich doch nicht zu denken wagte. Gibt es so etwas? Er und sie? Er und sie? So etwas also kann man erleben – so unheimlich ist das Leben?... Da sitzen sie alle ruhig, und Went girrt sein »Sei mir gegrüßt, sei mir geküßt« – und mitten drin steht etwas Wildes – etwas Unbegreifliches.

Jetzt rauschte eine Schleppe. Ellita kam durch die offene Glastür die Stufen herab. »Ellita«, mußte ich sagen.

»Du, Bill?« fragte sie: »Bist du hier allein? Komm, gehen wir hinunter.«

Sie legte wieder ihren Arm um meine Schulter und wir gingen die Lindenallee hinab. Ellita sprach leise und mit fliegendem Atem: »Warum gehst du von den anderen fort? Bist du traurig? Hat dir jemand etwas getan? Sag'? Ist Gerda schlecht mit dir gewesen? Du liebst doch Gerda, nicht? Ja, lieb sie nur; es ist ja gleich, was geschieht! Das kann dir keiner verbieten. Gerda wird wieder gut werden, das arme Kind.«

Die leise, klagende Stimme rührte mich, erfüllte mich mit Mitleid mit mir selber. Die Tränen rollten mir über die Wangen. »Weinst du, kleiner Bill?« fragte Ellita. Es war so dunkel in der Allee, daß sie nicht sehen konnte. Mit ihrer kühlen Hand fuhr sie leicht über mein feuchtes Gesicht: »Ja, du weinst. Das schadet nichts. Weine nur. Hier sieht er uns nicht. Hier brauchen wir nicht *tenue* zu haben.«

Schweigend gingen wir einige Schritte weiter. Hier und da huschte ein wenig Mondlicht durch die Zweige über Ellitas Haar, über das weiße Kleid, ließ den Ring an ihrem Finger, das kleine Diamantschwert an ihrer Brust aufleuchten, und dann wieder die weiche Finsternis voll Duft und Flüstern. Am Ende der Allee stand die alte Steingrotte, eine halbverfallene kleine Halle, die der Mond mit den sich sachte regenden Blätterschatten der Ulme füllte.

»Hast du mich Bolero tanzen sehen?« fragte Ellita plötzlich. »Komm, ich tanze dir vor.«

Ich setzte mich auf die Steinbank in der Grotte, und Ellita, mitten unter dem Blätterschatten, tanzte lautlos auf ihren weißen Schuhen, an denen die Schnallen im Mondschein aufblitzten. Sie warf die Arme empor, bog den Kopf, als hielte sie Trauben in die Höhe, und die halbgeöffneten Lippen dürsteten nach ihnen. Oder sie warf einen unsichtbaren Mantel stolz um die Schultern oder pflückte unsichtbare Blumen; alles mit dem weichen, rhythmischen Biegen des Körpers, den die Musselinschleppe wie eine weiße Nebelwelle mit ganz leisem Rauschen umfloß. Schweigend und eifrig tanzte sie. Ich hörte, wie sie schneller atmete. Das war geisterhaft, unwirklich. Alle Aufregung verstummte in mir. Es war mir, als sei ich weit fort, an einem Orte, den ich aus irgendeinem

Traume kannte, jetzt blieb sie stehen, strich sich das Haar aus der Stirn und lachte: »Sieh so. Das war gut. Jetzt gehen wir wieder zu den anderen. Jetzt haben wir wieder *tenue*.«

Während wir dem Hause zugingen, sprach Ellita wieder ruhig und ein wenig gönnerhaft wie sonst. Drinnen im Saal lächelte sie Went an und sagte: »Hast du dich ausgesungen, mein Lieber?« –

Zu Hause, in meinem Zimmer, fühlte ich mich bange und erregt. Das Leben erschien mir traurig und verworren. Schlafen konnte ich nicht. Aufdringliche und aufregende Bilder kamen und quälten mich. Die Nacht war schwül. Regungslos und schwarz standen die Bäume im Garten. In der Ferne donnerte es. Unten im Park sang Margusch wieder ihre ruhige, ein wenig schläfrige Klage. Diese Stimme tat mir wohl. Ich wollte ihr nahe sein, mich von ihr trösten lassen, die Augen schließen und nichts denken als: rai – rai – rah.

Ich stieg aus dem Fenster und ging der Stimme nach. Über der Wiese stand ein schwarzer Wolkenstreifen, in dem es sich golden vom Wetterleuchten regte. Zuweilen schüttelte ein warmer Wind die Kronen der Linden. Am Teich unter den Weiden fand ich Margusch. Das große, blonde Mächen kauerte auf dem Rasen, hatte die Arme um die Knie geschlungen, wiegte sacht den runden Kopf und sang, eintönig, als säße sie an einer Wiege:

»Näh' ein Hemden auf der Weide,
Meß es an dem Eichenstamm.
Ach mein Liebster, wachse, wachse,
Wie die Eiche grad und stramm!
Rai – rai – rah ...«

Ich kam leise heran und hockte neben ihr nieder. Sie schreckte ein wenig zusammen, dann sagte sie: »Gottchen, der Jungherr!«

»Ja, Margusch, sing' weiter.«

Margusch schaute ruhig und müde über den Teich hin und zog die Knie fester an sich. »Ach!« meinte sie, »wozu ist das Singen gut! Warum schlafen Sie nicht, Jungherr?«

»Ich konnte nicht. Ich wollte nicht allein sein. Ich hörte dich singen, da kam ich.«

Margusch seufzte: »Ja, ja, den Herrschaften geht es auch nicht immer gut. Alle haben was. Der Herr gibt nu auch sein Fräulein fort. Was kann man machen.«

»Sein Fräulein«, das klang in dem Munde dieses Mädchens wie eine klare, melancholische Geschichte, eine Geschichte, wie die zwischen Jakob und Margusch. »Jeder hat was.« Ich drückte mich nah an Margusch heran. Dieser heiße Mädchenkörper schien mir Schutz zu geben vor allem Unheimlichen, das mich quälte. Sie lächelte, legte ihren schweren Arm um mich, wiegte mich langsam hin und her und wiederholte: »Unser Jungherr is traurig, unser Jungherr is traurig.« Dunkle Wolkenfetzen zogen über den Mond. Der Teich wurde schwarz. Die Frösche schwiegen, nur ab und zu ließ einer sich vernehmen, als riefe er jemanden.

Margusch streichelte meinen Arm: »Unser Jungherr is traurig.« Erregt und fiebernd klammerte ich mich an den warmen, ruhenden Mädchenkörper fest. Da gab sie sich mir hin, gutmütig und ein wenig mitleidig.

Es war finster geworden. Ein feiner Regen begann in den Weiden und im Schilf zu flüstern.

»Es regnet«, sagte Margusch, »man muß heimgehen.«

Ich weigerte mich. Nur nicht in das Haus gehen, nur nicht allein sein! So saßen wir eng umschlungen da. Margusch summte leise vor sich hin. Es begann zu dämmern. Enten hoben sich aus dem Teich und flogen mit pfeifendem Flügelschlage dem See zu. Auf der anderen Seite des Teiches ging eine dunkle Gestalt die Allee hinauf dem Hause zu.

»Der gnädige Herr«, flüsterte Margusch. »Der ist oft nachts draußen. Dort unten spaziert er auf und ab. Der kann auch nicht schlafen.«

Um die Mittagsstunde, als der Hof voll grellen Sonnenscheins lag, schlenderte ich langsam dem Stalle zu. Ich war müde, hatte Lust zu nichts, da war es das beste, zuzusehen, wie Kaspar die Pferde putzte, das beruhigt und strengt nicht an. Am Stallteich stand Margusch und wusch einen Eimer.

»Nun, Margusch«, sagte ich und blieb stehen. Sie hob den Kopf und sah mich mit den glasklaren Augen gleichgültig an.

»Heiß is«, bemerkte sie.

»Aber vorige Nacht —« setzte ich leise hinzu.

Sie lächelte matt, seufzte und beugte sich wieder über ihre Arbeit.

Mein Vater kam aus dem Stall, er sah flüchtig zu mir herüber und wandte den Kopf ab.

Später, während des Mittagessens, als Konrad hinausgegangen war, hielt mein Vater sein Portweinglas in der Hand und sagte, eh er trank, das war immer der Augenblick, in dem er unangenehme Dinge vorbrachte: »Sich hier mit den Bauernmädchen einzulassen, ist nicht empfehlenswert.« Ich errötete. Mein Vater trank und fuhr dann fort, indem er an mir vorbei zum Fenster hinaussah: »Abgesehen davon, daß diese

Dinge für dich nicht zeitgemäß sind, du sollst nur deine Studien im Auge haben, so finde ich, daß Affären mit diesen Mädchen die Instinkte und Manieren vergröbern.« Eine peinliche Pause entstand. Mein Vater sann vor sich hin, dann sagte er, wie aus seinen Gedanken heraus: »Mein Freund in Konstantinopel sagte gern« – Natürlich! dachte ich, wo ein unangenehmes Beispiel nötig ist, da hat der alte Türke es gegeben! »Er sagte, er sei nur deshalb der feine Weinkenner geworden, der er ist, weil er wegen des Verbotes seiner Religion in der Jugend sich die Zunge nicht mit schlechten Weinen verdorben habe.«

Ich verstand sehr wohl, was der alte Türke meinte, nur schien es mir wunderlich, daß mein Vater das zu mir sagte. Es machte mich verlegen. Ob er das merkte? Jedenfalls tat er den Ausspruch, als er die Tafel aufhob: »Du bist jetzt in dem Alter, in dem man mit dir über diese Dinge vernünftig reden kann, hoffe ich.«

Das ließ sich hören.

Ich hatte Erlaubnis erhalten, mit Went auf die Rehpirsch zu gehen. Wir zogen gleich nach Mitternacht in den Wald und saßen bei einem Feuer auf. Der Waldhüter schnarchte unter einem Wacholderbusch. Went hüllte sich in seinen grauen Mantel, lehnte sich an den Stamm einer Tanne und blickte nachdenklich in das

Feuer. Ich streckte mich behaglich in das Moos hin. Die Freude auf die Jagd war so stark, daß sie mich all meine Aufregungen vergessen ließ. Um uns herum war es sehr dunkel. Die heimlichen Töne des Waldes gingen unter den großen, stillen Bäumen hin, ein leichtes Knacken, ein vorsichtiges Gehen, ein plötzliches Flügelrauschen. Sehr ferne riefen zwei Käuzchen sich klagend an.

»So ist's doch gut?« fragte ich zu Went hinüber, »im Walde ist alles gleich.«

»Was ist gleich?« fragte Went streng zurück.

Ich hätte gewünscht, Went wäre heiter und kameradschaftlich gewesen, statt tragisch und erhaben zu sein. Gut sah er übrigens aus, wie er in das Feuer starrte.

»Du, Went«, begann ich wieder, »wie ist es eigentlich, wenn man so aussieht wie du, so – daß alle Weiber sich in einen verlieben?«

»Teufel, Kleiner, was du dir für Gedanken machst.« Jetzt lächelte Went, und das wollte ich. »Gehört das auch zu den Examenarbeiten?«

»Das Examen hat hierbei nichts zu tun –« sagte ich gereizt, »man kann auch an die Weiber denken, wenn man nicht das Examen gemacht hat. Alle denken an Weiber.«

»Alle?«

»Ja alle.«

»Dumm genug«, bemerkte Went.

»Das ist so«, fuhr ich fort, »ich habe das früher nicht gewußt, aber jetzt...«

Went schaute mich ironisch an: »Der Aufenthalt hier ist, scheint es, für deine Erziehung bedeutungsvoll.«

Ich errötete, ich hatte damals diese dumme Angewohnheit und sagte heftig: »Denkst du auch schon über meine Erziehung nach. Das fehlt noch!«

»Trinken wir einen Kognak, Alter«, besänftigte mich Went. Er holte seine Flasche hervor und trank zwei Kognaks schnell hintereinander. »So, das ist gut und macht keine Umstände. Da«, meinte er befriedigt und reichte mir die Flasche. Wie gequält er dreinschaute! Er tat mir leid. Während ich mir den Kognak eingoß, tat ich den Ausspruch: »Ja, es ist gut, daß wir uns nicht darüber zu quälen brauchen, ob der Kognak auch von uns ausgetrunken sein will, ob er das liebt. Uns schmeckt er eben.«

Das gefiel Went nicht. Er kehrte mir den Rücken zu und brummte: »Unsinn! Schlafe lieber.«

Ich aber wollte mich unterhalten. »Du – Went, sag', es muß ganz fein sein, Soldat zu sein?«

Das regte ihn auf, er wurde heftig.

»Hol der Teufel das Soldatsein. Sei froh, daß du keiner bist.«

»Warum?«

»Weil, Gott! Weil einen das sentimental macht!«

»Sentimental?« fragte ich. »Ich wüßte nicht, daß das für den Krieg nötig ist.«

»Mit dir kann man nicht vernünftig reden«, fuhr mich Went an, »Krieg? Wo ist denn Krieg? Natürlich sentimental«, seine Stimme klang, als zankte er sich mit jemandem. »Mit dem Dienst und den Rekruten und alldem, kommt dann so was, das nach Sentiment aussieht, so fallen wir jedesmal darauf herein. Man weiß nicht, wie man das anfassen soll. Ihr anderen hier habt Zeit, ihr könnt auf euren Gefühlen sitzen wie die Henne auf ihren Eiern, und werdet ihr so – so –, kein Teufel kann das verstehen.« Nach diesem Ausbruch schloß er die Augen und tat, als schliefe er. Ich schlang meine Arme um meine Knie und starrte in das Feuer.

In letzter Zeit hatte ich wunderliche Dinge erlebt, unheimliche und unverständliche. Wenn ich Went etwas davon sagte, würde er nicht mehr so ruhig daliegen. Seltsam ist es, wie ein Mensch von dem anderen nichts weiß, und doch sitzt und lauert in dem einen Menschen gerade das, was dem anderen Schmerz bereiten kann. Das war eine Erkenntnis, die mir in jener Stunde plötzlich kam und mich ergriff, wie es in d e n Jahren zu geschehen pflegt. Es ist wie hier im Walde. Ich sitze auf dem kleinen, hellen Fleck. Um mich ist die Nacht ganz schwarz und voll von dem Knistern und Gehen unsichtbarer Wesen. Jeden Augenblick kann aus dem Dunkel etwas hervortreten, etwas Entsetzliches. Warum ist das so? Meiner jungen Seele tat es weh, diese Luft zu atmen, die voll drohender, unverstandener Schmerzen liegt. Ich drückte mich fest an den dicken Tannenstamm, legte die Hand auf seine taufeuchte Rinde. Diese Stillen hatte ich immer gern gehabt. Wenn auf der Treibjagd so eine alte Tanne mit ihren schwer niedergebogenen Zweigen und grauen Bärten dastand und mich vor dem Wild oder das Wild vor mir verbarg, da hatte ich sie als eine der großen Unparteiischen des Waldes empfunden, vornehm und kühl. Daran zu denken, beruhigte mich jetzt. Ich konnte mich darüber freuen, daß mir so tragische und seltsame Gedanken kamen. Ich war doch ein ganzer Kerl. Das vermutete wohl keiner hinter dem kleinen Bill. Wenn Gerda das wüßte, die würde mich dann anders anschauen!

Es dämmerte bereits. Aus den Föhrenwipfeln flogen die Krähen aus und riefen einander ihre heiseren Nachrichten zu. Es war Zeit aufzubrechen. Ich weckte den Waldhüter, weckte Went. »Nu geht's los«, rief ich ihm zu. »Schon!« sagte Went, gähnte und blickte mißmutig in den aufdämmernden Morgen. Also nicht einmal die Aussicht auf einen Bock konnte ihn aufrichten. Dann stand es schlimm mit ihm.

Köstlich war es, leise und schweigend durch den Wald zu schleichen. An einer kleinen, sumpfigen Waldwiese nahm ich meinen Stand. Das Gras war grau von tauschweren Spinnweben. Eine Wasserratte schlüpfte durch die Halme, sprang mit leisem Geplätscher in die Wasserlöcher, kam mir ganz nahe. Sie hielt mich wohl für einen Baum, und das schmeichelte mir. Dann plötzlich standen zwei Rehe auf der Wiese, eine große Ricke und ein kleiner Bock. Die Ricke äste ruhig und sorgsam, den Kopf niedergebeugt, langsam vorwärtsgehend. Der kleine Bock war zerstreut, hob häufig den Kopf, schüttelte ihn, machte kleine Sprünge. Vom Waldrand kam ein großer alter Bock herangetrabt. Ich sah deutlich sein ärgerliches, verbissenes Gesicht. Er begann sofort den jungen Bock zu jagen. Als dieser auf mich zusetzte, schoß ich. Ich hörte noch den alten Bock bellen. Der Kleine lag da und bewegte schwach die Läufe, wie steife, rote Bleistifte. Ich ging zu ihm, streichelte sein blankpoliertes Gehörn. Die Oberlippe war ein wenig hinaufgezogen. Das gedrungene, kindliche Gesicht sah aus, als lächelte es verschmitzt.

Als Went kam, war er verstimmt. Mein Schuß hatte auf der anderen Wiese seinen Bock verscheucht. Er sagte mir unangenehme Dinge, weil ich nicht den stärkeren Bock geschossen hatte, und wir zankten uns tüchtig auf dem Heimwege. Das verdarb mir die Freude. Mit müden, verdrossenen Augen sahen wir in die Sonne, die mit großem Aufwande von rosa Wolken und rotgoldenem Lichte über dem gelben Brachfelde aufging.

Nun kam eine stille Zeit. Die Leute klagten über zu große Trockenheit und fürchteten für die Wintersaat. Im Garten begannen die Stockrosen und Georginen zu blühen, und es roch nach Himbeeren und Pflaumen. Blauer Dunst lag über den Hügeln. Die Gänse wurden auf die Stoppeln getrieben. Davon, daß ich nach Warnow fahren sollte, war nie die Rede. Meinen Vater sah ich nur zu den Mahlzeiten. Sein Gesicht erschien mir grau und müde, er sprach wenig. Fiel sein zerstreuter Blick auf mich, so fragte er wohl: »Nun, wie geht es mit den Studien?« aber die Antwort schien ihn nicht zu interessieren. Seine Gegenwart hatte für mich nicht mehr das Aufregende, das sie gehabt hatte.

In diesen Tagen mit dem gleichmäßig blauen Himmel, dem gleichmäßig grellen Sonnenschein, den gleichmäßigen Geräuschen der Landwirtschaft, verlor alles an Interesse und Farbe. Ich hörte, in Warnow würde gepackt, die Möbel seien schon mit weißen Bezügen bedeckt. Nächstens sollte die ganze Familie abreisen. Auch das noch! Margusch sang nicht mehr im Park. Ich sah sie mit Jakob an der Schmiede stehen und lachen. Mir blieben die Bücher. Ich lag auf der Heide und studierte. Das ἀκτὶς ἀελίου der Antigone verschmolz untrennbar mit dem Schnattern der Gänse, dem Dufte der sonnenheißen Wacholderbüsche. Antigone sah wie Ellita aus und die ängstliche Ismene wie Gerda. Ach! Nicht einmal zu einem ordentlich verliebten Gefühle brachte ich es in dieser Zeit! Und kam der Abend, schlugen die Stalljungen mit den Milchmädchen sich in die Büsche, klang fern von der Wiese eine Harmonika herüber, dann fieberte all das unverbrauchte Leben in mir und ich fluchte darüber, daß all die hübschen und heimlichen und die furchtbaren und erregenden Dinge nur für die anderen da waren.

Schweres, rotgoldenes Nachmittagslicht floß durch die Parkbäume. Ich saß hoch oben auf einer alten Linde, die ihre Äste zu einem sehr bequemen Sitz zusammenbog. Der Baum war voll von dem Summen der Insekten wie von einem feinen, surrenden Geläute. Das machte schläfrig. Ich schloß die Augen. Unten auf dem Kiesweg wurden Schritte laut. Faul öffnete ich halb die Lider. Ellita und mein Vater kamen den Weg entlang. Ellita trug ihr blaues Reitkleid und den kleinen, blanken Reithut. Mit der Rechten hielt sie ihre Schleppe, in der Linken die Reitpeitsche, mit der sie nach Kümmelstauden am Wege schlug. An der Ulme, mir gegenüber, blieben sie stehen. Ellita lehnte sich an den Baum. Ihre Wangen waren gerötet. Ich sah es gleich, daß sie böse war. Die kurze Oberlippe zuckte hochmütiger denn je.

»Gut, ja. Ich gehorche dir, du siehst es«, begann sie.

Mein Vater stützte sich mit der Schulter leicht gegen ein Birkenstämmchen, kreuzte die Füße und klopfte nachdenklich mit seinem Stöckchen auf die Spitzen seiner Stiefel, jetzt neigte er den Kopf und sagte höflich: »Du weißt, wie sehr ich dir dafür danke.«

»Oh! Du hast mich wunderbar erzogen«, fuhr Ellita fort, »das hast du wunderbar gemacht! Als du wolltest, daß ich das einsame, kleine Mädchen vom Lande sein soll, das nur an dich denkt und auf dich wartet, da war ich es. Und jetzt soll ich wieder – wie sagtest du doch – ›die Blüte der adligen Kultur‹ – so war es – also – die Blüte der adligen Kultur sein, gut – ich bin es.«

Mein Vater nahm seinen Strohhut vom Kopfe und fuhr sich mit der Hand über die Stirn. Er fing an zu sprechen, mit leiser, diskreter Stimme, als führe er eine Unterhaltung an einem Krankenbette.

»Ich komme jetzt nicht in Betracht. Nur du. Ist es dir ein Bedürfnis, mir all das zu sagen, mir Vorwürfe zu machen, bitte, tue es. Nur geh den vorgeschriebenen Weg weiter... nur das.«

»Ich will keine Vorwürfe machen«, sagte Ellita heftig. »Warum ließest du mich nicht weiter hier einsam sitzen? Ich hätte weiter auf dich gewartet und wäre schlecht gegen Mama und Gerda gewesen und hätte mich um das dumme Geld gesorgt, das nie da ist, wenn man es braucht... und, wenn du dann kamst, hätte ich geglaubt, ›das ist das höchste Glück‹ – schlecht sein –, mit dir schlecht sein, glaubte ich, sei groß...«

»Sag' es nur heraus«, warf mein Vater ein und schaute wieder auf seine Stiefelspitzen.

»Gewiß«, fuhr Ellita fort, »darum hätte ich dir keine Vorwürfe gemacht. Aber jetzt, wo all das nur eine häßliche Inkorrektheit sein soll, die vertuscht wird, jetzt schäme ich mich. Wie deine Nippfigur komme ich mir vor, die du wieder in den Salon auf die Etagere zurückstellst –, sie soll wieder ihre Pflicht tun, repräsentieren.«

»Sehr hübsch«, bemerkte mein Vater und lächelte matt. Das brachte Ellita noch mehr auf: »Du siehst, ich habe von dir und deinem alten Türken gelernt, Vergleiche zu machen. Ach, wie das alles häßlich ist! Was ging es dich an, was aus mir wurde. Wenn ich in den Parkteich gegangen wäre wie Mamas kleine Kammerjungfer um den neuen Gärtner, das wäre schöner gewesen als all dies jetzt.«

Mein Vater zuckte die Achseln. »Ich glaube«, sagte er, »du und ich sind zu gut erzogen, um in ein Drama hineinzupassen.« Da hob Ellita ihre beiden Arme empor, die Augen flammten, zwei große Tränen rannen ihre Wangen herab: »Gott, wie ich sie hasse, alle diese Worte – – nicht wahr, ich muß auf ein Postament – und bin ein Kunstwerk – und eine Kulturblüte, ich kenne deinen Katechismus gut. Wie ich das hasse!«

Gott! Wie schön sie war! Mein Vater schien das auch zu sehen. Er blickte sie einen Augenblick mit gierigen, flackernden Augen an, wie an jenem Abend in Warnow. Dann sagte er leise und sanft: »Es schmerzt mich, dich leiden zu sehen. Das geht vorüber. Du bist von denen, die sicher ihren Weg gehen, wie – wie Nachtwandlerinnen –, die dabei vielleicht auch ein wenig wild träumen.«

»Und ich könnte mich peitschen, dafür, daß ich von denen bin«, antwortete Ellita und schlug mit der Reitgerte gegen ihr Knie. »Und dann – er – der arme Junge – er liebt mich doch?«

»Ehre genug für ihn«, meinte mein Vater.

»Du bist sehr genügsam für andere!« höhnte Ellita.

Er lächelte wieder sein müdes Lächeln: »Gott! Ja – jetzt kommst nur du in Betracht.«

»Das klingt ja fast, als ob du mich noch liebtest?«

Mein Vater zuckte schweigend die Achseln. Sie schwiegen beide, Ellita ließ ihre Arme schlaff niedersinken, wie ermüdet, und müde klang auch ihre Stimme, als sie kummervoll sagte: »Wozu? Jetzt ist ja alles gleich. Ich tu ja, was du willst. Das ist nun alles vorüber.«

»Ich danke dir, Kind«, die Stimme meines Vaters klang wieder metallig und warm. »Wenn *du* nur in Sicherheit bist – wenn *sie* dir nichts tun dürfen, nur das.« Er trat jetzt ein wenig vor, eine flüchtige Röte auf Schläfen und Wangen: »Ich danke dir dafür, Kind – und – auch für – für das, was hinter uns liegt... für das letzte Glück – das du einem alternden Manne gabst – –« Jetzt zitterte seine Stimme vor Erregung – er breitete die Arme aus. Ellita drängte sich fester an den Baum, sie reckte sich an ihm hinauf – bleich bis in die Lippen: »Rühr' mich nicht an, Gerd!« stieß sie leise hervor, und die rechte Hand mit der Reitgerte hob sich ein wenig. Mein Vater trat zurück, bückte sich, hob den Handschuh, der ihr entfallen war, von der Erde auf und überreichte ihn ihr. Dann schaute er nach seiner Uhr und sagte ruhig: »Es wird spät. Du mußt sehen, daß du vor dem Gewitter nach Hause kommst, denn wir kriegen es heute doch endlich.«

»Ja – gehen wir –« meinte Ellita.

Sie gingen wieder den Weg zurück. Wie friedlich und höflich diese beiden Gestalten nebeneinander herschritten; Ellita mit ihrem sachte wiegenden Gang, schmal und dunkel in dem Reitkleide, mein Vater ein wenig seitwärts gewandt, um sie beim Sprechen ansehen zu können; dabei machte er Handbewegungen, die seine hübschen Hände zur Geltung brachten.

Still auf meinem Aste zusammengekauert, blieb ich auf der Linde sitzen. Zuerst hatte ich das Gefühl eines Kindes, das sich fürchtet, bei einem Unrecht ertappt zu werden. Gedanken hatte ich nicht – Bilder kamen, begleitet von einer schmerzhaften Musik des Fühlens: das schöne, aufrechte Mädchen am Baum, das tränenfeuchte, böse Gesicht, die erhobene Hand mit der Reitgerte... und der Mann mit dem kummervoll gebeugten Kopfe... ich hörte die leise, heiße Stimme... davon kam ich nicht los. Mit dem Herren, der zu Hause sagt: *Mais c'est impossible, comme il mange, ce garçon*, mit Ellita, die wohlerzogen mit meinem Vater über die Landwirtschaft spricht, hatten diese beiden nichts gemein. Ich wollte gar nicht mehr von der Linde herunter. Die Welt da unten erschien mir jetzt unheimlich verändert und unsicher. Die Sonne sank tiefer. Die Linde stand voll roten Lichtes. Dann zog das Gewitter auf. Einzelne Tropfen klatschten auf die Blätter, die für Augenblicke schwarz und zitternd im blauen Lichte der Blitze standen. Im Garten hörte ich Konrads Stimme: »Jungherr – hu – hu!« Er rief zum Abendessen. Das gab es also noch wie immer. Widerwillig kletterte ich hinunter. Der Regen war stärker geworden und eine Fröhlichkeit kam mit ihm über das müde Land. Alles duftete und bewegte sich sacht. Im Hof standen die Leute vor den Ställen und blickten lächelnd in das Niederrinnen. Die Mägde stapften mit nackten Füßen in den Pfützen umher und kreischten.

Im Eßzimmer, unter der großen Hängelampe, war der Tisch wie gewöhnlich gedeckt.

Mein Vater ging im Zimmer auf und ab und sagte freundlich, als ich eintrat: »Nun, dich hat der Regen noch erwischt.«

Wir aßen die wohlbekannten kleinen Koteletts mit grünen Erbsen. Alles war wie sonst, als sei nichts geschehen. Ich dachte an ferne Kinderjahre, in denen das Kind deutlich in den dunklen Ecken unheimliche Gestalten sah, während die Erwachsenen unbekümmert sprachen und an den unheimlichen Ecken vorübergingen, als ob nichts dort stünde.

Mein Vater sprach vom Regen, von der Wintersaat, von der Abreise der Warnower. Er sprach ungewöhnlich viel und mit lauter, heiterer Stimme. Sein Gesicht war bleich und die Augen glitzerten blank und intensiv graublau. Er goß sich reichlich Portwein ein und seine Hand zitterte ein wenig, wenn er das Glas nahm. Als der Inspektor kam, wollte ich mich fortschleichen. Das Sitzen hier war mir eine Qual. Ich wollte zu Bette gehen. Vielleicht, wenn ich still im Dunkeln lag, konnte ich mich selbst als tragisch und wunderbar empfinden. Mein Vater jedoch sagte: »Bleib noch ein wenig, Bill, wenn du nicht zu müde bist.« Gehorsam setzte ich mich wieder. Der Inspektor ging. »Trink einen Tropfen«, sagte mein Vater und schob mir ein Glas hin. Dann schwiegen wir.

Es schien nicht, als hätte er mir etwas Besonderes mitzuteilen. Er dachte wohl über ein Thema nach. Als er endlich zu sprechen begann, war von Pferden, von dem neuen Schmied, dann von meinen Studien die Rede. Das hatte ich erwartet! Das schien ihn auch zu interessieren, er biß sich daran fest, pflegte seinen Stil. »Na, und wenn du dann das Examen hinter dir hast«, hieß es, »dann tritt also die Wahl eines Studiums an dich heran. Es ist wohl diese oder jene Wissenschaft, die dich besonders anzieht: Ja! Aber meiner Ansicht nach darf das nicht bestimmend sein. Gott! Unseren Neigungen entlaufen wir ohnehin nicht. Von Anbeginn muß ein Studium gewählt werden, das sozusagen als neutraler Ausgangspunkt dienen kann, von da aus kann dann zu dem, was wir sonst wissen und erleben wollen, übergegangen werden. In unserer Familie ist die Jurisprudenz traditionell. Ein ruhiger, kühler Ausgangspunkt, der sowohl zu anderen Wissenschaften wie zum praktischen Leben die Wege offen läßt.« Er sprach so fließend und betonte so wirksam, als hielte er eine Rede in einer Versammlung. Dabei sah er über mich hinweg, als stünde die Versammlung hinter mir. Es war recht unheimlich!

»Vor allem«, fuhr er fort und erhob die Stimme, »müssen wir von vornherein wissen, welch eine Art Leben wir leben wollen. Bei einem Hause, das wir bauen, entscheiden wir uns doch für einen Stil, machen einen Plan, nicht wahr? Na also! Wir bauen ein Haus, das einen besonderen Stil hat. Gut!« Er schnitt mit der flachen Hand durch die Luft, um vier unsichtbare Wände auf den Tisch zu stellen, dann wölbte er eine unsichtbare Kuppel über die unsichtbaren Wände: »Bin ich mir einmal des Stiles bewußt, dann kann ich an Ornamenten, Grillen, Liebhabereien manches wagen, denn ich werde all das mit dem Ganzen in Einklang zu bringen wissen. Weil ich mir des Stilgesetzes bewußt bin, kann ich jede Kühnheit wagen, ohne den Bau zu verderben.« Nun begann er mit der Hand an das Haus auf dem Tische die wunderlichsten Balkons zu kleben, zog Galerien die Wände entlang. »Irrtum ist Stillosigkeit«, rief er und funkelte mit den Augen die Versammlung hinter mir an. »Das ist es! Jede architektonische Waghalsigkeit ist erlaubt, wenn wir sie schließlich mit den großen, edlen Linien des Ganzen in Einklang zu bringen verstehen.« Er sann ein wenig vor sich hin, schien das Haus auf dem Tische zu betrachten, versuchte hier und da noch einen Balkon anzubringen. Das gefiel ihm jedoch nicht recht. »Und dann«, versetzte er langsam, »können wir auch genau den

Zeitpunkt bestimmen, wenn es fertig ist, wenn es geschmacklos wäre, noch etwas hinzuzutun. Nur an stillosen Baracken kann man immer wieder anbauen. Unser Haus weiß, wann es fertig ist.« Er schlug mit der Hand auf den Tisch, mitten in das unsichtbare Haus hinein, als wollte er es zerdrücken, er lächelte dabei, nahm sein Glas, und während des Trinkens schaute er über sein Glas hin die Versammlung hinter mir an, trank ihr zu. Als er das Glas wieder niedersetzte, kam eine Veränderung über ihn. Er sank ein wenig in sich zusammen, das Gesicht wurde schlaff und alt und die Hand klopfte müde und sanft die Stelle, auf der sie das Haus eingedrückt hatte. Als er mich ansah, war das flackernde Licht in seinen Augen erloschen. Er lächelte ein befangenes, fast hilfloses Lächeln. »Ja, mein Junge«, sagte er und es schien mir, daß seine Zunge ein wenig schwer war, »du sagst nichts. Was meinst du zu all dem?«

Oh! Ich meinte nichts! Ich hatte die ganze Zeit über dem Redner mit unsäglichem Grauen gegenübergesessen. Jetzt mußte ich etwas sagen und ich sagte etwas Sinnloses, über das ich mich wunderte, wie wir uns im Traume über das wundern, was wir sagen.

»Ja – aber – der Turm von Pisa«, bemerkte ich.

Mein Vater schien nicht weiter erstaunt. »Der!« meinte er nachdenklich, »der ist soweit ganz hübsch. Weil er schief ist, meinst du? Ja, da hat er Unrecht. Wenn man schief steht, soll man umfallen, das wäre logischer. Aber – Gott! Das ist seine Sache!« Über diesen Gedanken lachte er leise in sich hinein und sah mich von der Seite an, als seien wir im Einverständnis. Ich lachte auch, aber ich war mir selber so unheimlich wie mein Vater. Am liebsten hätte ich mich von beiden leise fortgeschlichen. »Ich bin müde«, brachte ich tonlos heraus.

»Müde?« wiederholte mein Vater, ohne aufzusehen. »Das kann schon sein. Gute Nacht...« Dann bekam die Stimme wieder etwas von ihrem gewohnten Klange, als er hinzufügte: »Morgen dürfen die Studien nicht vernachlässigt werden.«

Wenige Tage später fuhren wir am Nachmittag zur Eisenbahnstation, um von den Warnowern Abschied zu nehmen. Mich regte das an. Daß die Mädchen fortreisten, war traurig, aber man wußte doch, warum man traurig war. Es würde geweint werden, man würde sich umarmen, hübsche, rührende Dinge sagen. Wie würde Ellita sich benehmen? Was würde er tun? Ich würde doch wieder ein wenig bewegte Dramenluft atmen dürfen. Später konnte ich dann ehrlich unglücklich sein, vielleicht konnte ich dichten.

Im Wartesaal war die ganze Familie versammelt. Die Tante weinte. »Ach, Gerd!« rief sie. »Und du, mein kleiner Bill, jetzt geht es an das Scheiden.« Cheri kläffte unausgesetzt. Die Mädchen, in ihren grauen Sommermänteln, graue Knabenmützen auf dem Kopf, saßen auf den Bänken, die Hände voll Warnower Blumen. Ich setzte mich zu ihnen, wußte aber nichts zu sagen. Went rannte hin und her, um das Gepäck zu besorgen. Mein Vater sprach mit der Tante vom Umsteigen. Die Zeit verging, ohne daß etwas Besonderes getan und gesagt wurde. Ja, alle schienen heute verstimmter und alltäglicher denn je zu sein.

Endlich ging es an das Abschiednehmen. Da kam ein wenig Schwung in die Sache. Gerda küßte mich. »Wenn wir uns wiedersehen«, sagte sie, »wollen wir wieder lustig sein, armer Bill.« Das trieb mir die Tränen in die Augen. Ich hörte meinen Vater etwas sagen. Ellita lachte. Er hatte wohl einen Witz gemacht. Dann saßen sie alle im Wagen. Wir standen auf dem Bahnsteig und nickten ihnen zu. Zu sagen hatte man sich nichts mehr.

Mit einem widerlichen Gefühl der Leere und Enttäuschung blickte ich dem abfahrenden Zuge nach. Das war wieder nichts gewesen! Melancholisch pfiff ich vor mich hin. Der Stationsvorsteher stand mitten auf den Schienen und gähnte in den gelben Nachmittagssonnenschein hinein. Als seine dicken Enten langsam an mir vorüberzogen, nahm ich kleine Steine und warf nach ihnen. Das tat mir wohl.

»Wer wird nach Enten mit Steinen werfen?« sagte der Stationsvorsteher ärgerlich. Am liebsten hätte ich ihn selbst mit Steinen beworfen!

»Fahren wir?« fragte Konrad.

Ich ging in den Wartesaal, nach meinem Vater zu sehen. Da stand er und spritzte sich mit einer kleinen, goldenen Spritze etwas in das Handgelenk. Als ich kam, steckte er hastig die Spritze in die Westentasche und ließ sein goldenes Armband klirrend über das Handgelenk fallen. »Wieder die Migräne«, meinte er.

Auf der Heimfahrt kutschte er selbst. Ich wunderte mich darüber, daß er den Blessen heute durchließ, daß er nicht zog und alles dem Braunen überließ. Gesprochen wurde anfangs nichts. Ich dachte daran, daß Gerda mich geküßt hatte. So etwas kann man lange Zeit immer wieder denken. Eine gute Einrichtung für einen, der gezwungen war, so freudlos zu leben wie ich.

Plötzlich wandte sich mein Vater zu mir. Er

lächelte ein gütiges, sehr jugendliches Lächeln, wie damals, als er im Garten Ellita den Handschuh aufhob. »Na«, sagte er, »dir ist wohl auch ein bißchen trüb zumute?« Ich wunderte mich über das »auch«. Er lachte: »Ja, das verstehen sie alle famos, hinter sich so – so 'ne Leere zu lassen – ha – ha. Das haben sie so an sich.« Er knallte mit der Peitsche. »Da bleibt nun nichts anderes übrig, als sich fleißig an die Studien zu machen.« Der Anfang der Betrachtung war hübsch gewesen und hatte mich gerührt. Schade, daß der Schluß so trivial war!

Faul und mißmutig ging ich einige Tage umher. Ich war traurig, aber ohne sentimentalen Genuß. Wenn ich daran dachte, daß dort, wo die Mädchen – die anderen waren, das Leben bunt und ereignisvoll weiterging und ich das alles versäumte, dann bekam ich Wutanfälle und schlug mit dem Spazierstock den Georgien die dicken roten Köpfe ab. Meinen Vater sah ich wenig. Zu den Mahlzeiten war er oft abwesend oder aß in seinem Zimmer. Wenn wir uns begegneten, sah er mich fremd und zerstreut an und fragte höflich: »Nun – wie geht es?« Auch er begann uninteressant zu werden.

In einer Nacht hörte ich wieder Margusch unten im Park singen. Ich konnte nicht schlafen. Eine quälende Unruhe warf mich im Bette hin und her. So in der finsteren Stille nahm alles, was ich erlebt hatte, und alles, was kommen sollte, eine wunderliche, feindselige Bedeutung an. Das Leben schien mir dann ein gefährliches, riskiertes Unternehmen, das wenig Freude bereitet und doch schmerzhaft auf Freuden warten läßt.

Die Nacht atmete schwül durch das geöffnete Fenster herein. Das Rai-rai-rah klang aus der Dunkelheit eintönig und beruhigt herüber, beruhigt, als wiederholte es beständig: »Es kommt ja doch nichts mehr.«

Es wurde mir unerträglich, dem zuzuhören. Ich kleidete mich an und stieg zum Fenster hinaus, um dem Gesange nachzugehen.

Die Nacht war schwarz. Einige welke Blätter raschelten schon auf dem Wege. Wenn ich auf die grüne Kapsel einer Roßkastanie trat, gab es einen leisen Knall. Plötzlich hörte ich Schritte hinter mir. Ich horchte, schlug mich zur Seite, drückte mich fest an einen Baumstamm. Der rote Punkt einer brennenden Zigarre näherte sich. Eine dunkle Gestalt ging an mir vorüber. Mein Vater war es. Er blieb stehen, führte die Zigarre an die Lippen. Im roten Schein sah ich einen Augenblick die gerade Nase. Ich hörte ihn leise etwas sagen. Als er weiter ging, klang das eifrige Gemurmel noch zu mir herüber. Ich wartete eine Weile. Am liebsten wäre ich umgekehrt. Dieser einsame Mann, der der Nacht seine Geheimnisse erzählte, erschien mir gespenstisch. Es mußte furchtbar sein, jetzt von ihm angeredet zu werden. Aber zu Hause in meinem Zimmer war ich allein. Das konnte ich jetzt nicht. Dort unten am Teich, bei dem großen, warmen Mädchen würde es sicherer und heimlicher sein. Ich schlich weiter.

Margusch hockte an ihrem gewohnten Platz. Als ich mich zu ihr setzte, sagte sie: »Ach! Wieder der Jungherr!« »Ja, Margusch. Du singst wieder?«

Sie seufzte. »Man muß schon«, meinte sie.

»Ist deiner wieder fort?« fragte ich.

»Alle sind fort«, erwiderte sie mit ihrer tiefen, klagenden Stimme.

»Sieh, Margusch, deshalb müssen wir zusammen sein.« »Ja, Jungherr, kommen Sie, was kann man machen?« Und wir drückten uns eng aneinander.

Ein später Mond stieg über den Parkbäumen auf. Mit ihm erhob sich ein Wind, der die Wolken zerriß und sie in dunklen, runden Schollen über den Himmel und den Mond hin trieb. Es war ein Gehen und Kommen von Licht und Schatten über dem Lande. Das Schilf und die Zweige rauschten leidenschaftlich auf. Ein Enterich erwachte im Röhricht und schalt laut und böse in die Nacht hinein.

»Muß man nach Hause gehen«, beschloß Margusch und blinzelte zum Monde auf.

»Schon?« »Ja, wenn sie alle hier unruhig werden«, meinte sie.

»Weißt du, daß er auch hier unten ist?« flüsterte ich. Margusch nickte: »Ja, ja – er is immer hier bei Nacht. Gehen Sie bei der großen Linde vorüber. Da geht er nicht. Ich komm' nach. Zusammen können wir nicht gehen.«

Nachdenklich schritt ich den Teich entlang. Das starke Wehen um mich her, das bewegte Licht taten mir wohl. Es war mir, als hätte mein Blut etwas von dem sicheren, festen Takte von Marguschs Blute angenommen. Ich glaubte zu spüren, wie es warm und stetig durch meine Adern floß, eine stille und sichere Quelle des Lebens.

Als ich scharf um die Ecke in die Lindenallee einbog, stutzte ich, denn ich stand dicht vor jemand, der unten auf den Wurzeln der großen Linde saß. Es war dort so finster, daß ich nichts deutlich unterscheiden konnte, dennoch wußte ich sofort, es sei mein Vater. Ich trat ein wenig zurück und blieb stehen. Ich wartete, daß er mich anrede. Die Gestalt lehnte mit dem Rükken gegen den Baumstamm, etwas zur Seite geneigt. Der Kopf war gesenkt. Schlief er? Nein, ich fühlte es in der Dunkelheit, wie er mich ansah. Ich mußte etwas sagen.

»Ich bin ein bißchen spazieren gegangen«, begann ich beklommen: »Es war so schwül drinnen.« Er antwortete nicht. »Ist dir vielleicht nicht wohl?« fuhr ich zaghaft fort: »Kann – ich für dich – etwas...«

Die Wolken waren am Monde vorübergezogen, etwas Licht sickerte durch die Zweige, fiel auf den gebeugten Kopf des Sitzenden, beleuchtete den Schnurrbart, die dunkle Linie der Lippen, die ein wenig schief verzogen, verhalten lächelten.

Macht er einen Scherz? Muß ich höflich mitlachen? – dachte ich. »Weil es so heiß war« – sagte ich stockend. Die Dunkelheit breitete sich wieder über die schweigende Gestalt. Ich lehnte mich gegen einen Baum. Die Knie zitterten mir. Ich muß zu ihm gehen, sagte ich mir, allein ich vermochte es nicht. In der leicht in sich zusammengefallenen Gestalt war etwas Fremdes, etwas Namenloses. Verlassen durfte ich ihn nicht, aber hier zu stehen war entsetzlich. Margusch bog um die Ecke. Als sie dort jemand stehen sah, zögerte sie. »Margusch«, rief ich, »Margusch, – sieh – er – er – spricht nicht, ich weiß nicht...«

»Er schläft«, meinte sie. »Ach nein – ich – ich weiß nicht, ob er schläft.«

Margusch trat an ihn heran: »Gnädiger Herr« – hörte ich sie sagen, dann faßte sie ihn an, richtete ihn auf, lehnte ihn mit dem Rücken an den Baumstamm mit fester, respektloser Hand, wie man eine Sache aufrichtet. Etwas Blankes rollte über das Moos und klirrte auf einen Stein. Es war die kleine goldene Spritze.

»Er ist tot«, sagte Margusch. Sie trat wieder zu mir, seufzte und meinte: »Ach Gottchen! Der arme Herr, der hat nu auch nich mehr gewollt!«

Ich schwieg. Tot – ja, das war es, das hier so fremd bei mir gestanden hatte.

»Leute muß man rufen«, fuhr Margusch fort. »So 'n Unglück. Sie wollen wohl nich allein bei ihm bleiben?«

»Doch!« stieß ich hervor: »Ich – ich bleibe. Geh nur!« Margusch ging. Gierig lauschte ich auf die Schritte, die sich entfernten, erst als sie verklungen waren, wurde ich mir bewußt, mit dem Toten allein zu sein. Das fahle Gesicht mit der hohen Stirn, die im Mondlicht matt glänzte, lächelte noch immer sein verhaltenes, schiefes Lächeln, die Augen waren geschlossen, die langen Wimpern legten dunkle Schattenränder um die Lider. Aber wenn der Mond sich verfinsterte, schien es mir, als bewegten sich die Umrisse der Gestalt, ich fühlte wieder, daß er mich ansah. Ein unerträglich gespanntes Warten und Aufhorchen wachte in mir, wie einem Feinde gegenüber. Ich glitt an dem Baumstamm, an dem ich lehnte, nieder, hockte auf der Erde und bedeckte mein Gesicht mit den Händen. Das, was mir dort gegenübersaß, hatte nichts mit dem, den ich kannte, zu tun; es war etwas Tückisches, Drohendes, etwas, das das Grauen, welches über ihm lag, gegen mich ausnützte und darüber lachte. Ich weiß nicht, wie lange wir uns so gegenübersaßen, endlich hörte ich Stimmen. Leute mit Laternen kamen. Ich richtete mich auf, gab Befehle, war ruhig und gefaßt.

Ihn hatten sie drüben im Saal aufgebahrt. Die Zimmerflucht war voll hellen Morgensonnenscheines und feiertäglich still. Ich saß schon geraume Weile allein im Wohnzimmer und schaute zu, wie die Blätterschatten über das Parkett flirrten. Nebenan hörte ich zuweilen die Dienstboten flüstern. Sie vermieden es, durch das Zimmer zu gehen, in dem ich mich befand, und war es nicht zu vermeiden, dann gingen sie auf den Fußspitzen und wandten den Kopf rücksichtsvoll von mir ab. Sie wollten mich in meinem Schmerz nicht stören.

Dieser Schmerz, über den wachte ich die

ganze Zeit. Er enttäuschte mich. Ich hatte seltsame, furchtbare Dinge erlebt, ich hatte also einen großen Schmerz. Ich glaubte, das müsse etwas Starkes sein, das uns niederwirft, uns mit schönen, klagenden Worten füllt, mit heißen, leidenschaftlichen Gefühlen. Gab es nicht Fälle, daß Leute, die so Furchtbares erlebten, nie mehr lachen konnten? Nun saß ich da und dachte an kleine, alltägliche Dinge. Wenn die Gedanken zu dem zurückkehrten, was sich ereignet hatte, dann war es wie ein körperliches Unbehagen, mich fror. Alles in mir schreckte vor den Bildern, die kamen, zurück, sträubte sich gegen sie. Wozu? All das war nicht *mein* Leben. Ich brauchte das nicht zu erleben. Ich kann das fortschieben. Das gehört nicht zu mir. Und wieder führten die Gedanken mich zu den Vorgängen des Lebens zurück, zu der bevorstehenden Ankunft der Meinigen, zu dem Begräbnis und den Leuten, die kommen würden, den Pferden, die an die Wagen gespannt werden sollten, dem schwarzen Krepp, der aus der Stadt geholt wurde und den Konrad um meinen Ärmel nähen mußte. Ich wußte wohl, ich sollte zum Toten hinübergehen, das wurde von mir erwartet. Allein ich schob es hinaus. Es war hier in der sonnigen Stille so behaglich, so tröstend, hinauszuhorchen auf die heimatlichen, landwirtschaftlichen Geräusche, auf das Summen des Gartens. Ich wunderte mich darüber, daß ich nicht weinte. Wenn ein Vater stirbt, dann weint man, nicht wahr? Aber ich konnte nicht.

Der alte Hirte kam, um mir sein Beileid auszusprechen. Er faltete die Hände, sagte etwas von vaterloser Waise. Das rührte mich. Dann meinte er, nun würde ich wohl ihr neuer Herr sein, das freute mich, es machte mir das Herz ein wenig warm. Aber ich winkte traurig mit der Hand ab.

Der Pastor kam. Sein rotes Gesicht unter dem milchweißen Haar war bekümmert und verwirrt. Er klopfte mir auf die Schulter, sprach von harter Schickung, die Gott über meine jungen Jahre verhängt habe, und von Seinen unergründlichen Ratschlüssen: »Der Verstorbene war ein edler Mann«, schloß er. »Wir irren alle. Die ewige Barmherzigkeit ist über unser aller Verständnis groß.«

Nach ihm erschien der Doktor. Seine zu laute Stimme ging mir auf die Nerven. Er schüttelte mir bedeutungsvoll die Hand: »Ein großes Unglück«, meinte er, »dieses Morphium, das läßt einen nicht los. Mit dem Herzen des Seligen war es nicht ganz in Ordnung. Ein Unglück geschieht bald.« Er sprach unsicher und eilig, als wünschte er bald fortzukommen. Also er weiß es auch – dachte ich – und wir machen uns etwas vor. Aber das würde der Selige loben. Das würde er *tenue* nennen.

Als sie alle fort waren, beschloß ich, zu dem Toten hinüberzugehen. Es mußte sein. Ich hatte das Gefühl, als läge er dort nebenan und warte. Ich war noch nie mit einem Toten zusammengewesen, denn das – gestern nacht, war kein Erlebnis, es war ein böser Traum. Als ich in das Zimmer trat, wo er aufgebahrt lag, war meine erste Empfindung: Oh! Das ist nicht schrecklich!

Konrad war da. Er hatte noch an dem Anzug seines Herrn geordnet. Jetzt trat er zur Seite und stand andächtig mit gefalteten Händen da. Ich faltete auch die Hände, beugte den Kopf und stand wie im Gebete da. Als ich glaubte, dieses habe lang genug gedauert, richtete ich mich auf. Da lag der Tote, schmal und schwarz, in seinem Gesellschaftsanzuge, mitten unter Blumen. Das Gesicht war wachsgelb, die Züge messerscharf, sehr hochmütig und ruhig. Die feine, bläuliche Linie der Lippen war immer noch ein wenig schief verzogen, wie in einem verhaltenen Lächeln. Eine kühle Feierlichkeit lag über dem Ganzen. Und rund um die stille, schwarze Gestalt die bunten Farben der Spätsommerblumen; Georginenkränze wie aus weinrotem Samt,

Gladiolen wie Bündel roter Flammen, große Spätrosen und Tuberosen, eine Fülle von Tuberosen, die das Gemach mit ihrem schweren, schwülen Duft erfüllten. Konrad schaute mich von der Seite an. Ob er sich darüber wunderte, daß ich nicht weinte? Ich legte die Hand vor das Gesicht. Da ging er leise hinaus.

Nein, ich weinte nicht. Aber ich war erstaunt, daß der Tote so wenig schrecklich war, daß er ein festliches und friedliches Ansehen hatte. Ich konnte mich hinsetzen und ihn aufmerksam, fast neugierig betrachten, die schwere, kühle Ruhe, die ihn umgab, auf mich wirken lassen. Wie überlegen er dalag; geheimnisvoll wie im Leben, mit seinem verhaltenen, hochmütigen Lächeln: Man muß wissen, wenn das Haus fertig ist – klang es in mir. Jetzt verstand ich ihn. Das hat er gewollt. Aber Widerspruch und Widerwille gegen diese Lehre regte sich in mir, wie damals, als er die Lehren des alten Türken vorbrachte oder über gute Manieren sprach. O nein, das nicht! Nicht für mich! Alles, was in mir nach Leben dürstete, empörte sich gegen die geheimnisvolle Ruhe. Es war mir, als wollte der Tote mit seinem stillen Lächeln mich und das Leben ins Unrecht setzen. Er hatte das gewollt, aber ich – ich wollte das nicht, noch lange nicht. Ich brauchte nicht zu sterben, ich lehnte den Tod leidenschaftlich ab. Leiden, unglücklich sein – alles – nur nicht so kalt und schweigend daliegen! Ich erhob mich und verließ eilig das Zimmer, ohne mich umzuschauen.

Der Sonnenschein dünkte mich hier nebenan wärmer und gelber als dort drinnen. Ich ging an das Fenster, beugte mich weit hinaus, atmete den heißen, süßen Duft des Gartens ein. Große Trauermäntel und Admirale flatterten über dem Resedenbeet, träge, als seien ihre Flügel schwer von Farbe. Fern am Horizont pflügte ein Bauer auf dem Hügel, ein zierliches, schwarzes Figürchen gegen den leuchtendblauen Himmel. Töne und Stimmen kamen herüber. Drüben hinter den Johannisbeerbüschen lachte jemand. Das Leben war wieder heiter und freundlich an der Arbeit; es umfing mich warm und weich und löste in mir alles, was mich drückte. Jetzt tat der stille, feierliche Mann dort nebenan mir leid, der all das nicht mehr haben sollte, der ausgeschlossen war. Ich mußte weinen.

Edse, der kleine Hilfsdiener, ging unten am Fenster vorüber. Er blickte scheu zu mir auf. Es war gut, daß er mich weinen sah, denn ein Sohn, der nicht um seinen Vater weinen kann, ist häßlich.

Die Hanser-Fontane-Ausgabe im dtv

Herausgegeben von Helmuth Nürnberger.
Mit Anmerkungen, Zeittafel und Literaturhinweisen
sowie einem Nachwort des Herausgebers.

Wanderungen durch die Mark Brandenburg
3 Bände
dtv 59025

Briefe
Ausgabe in fünf Bänden
Ausgewählt und herausgegeben von
Helmuth Nürnberger u. a.
dtv 59037

Vor dem Sturm
dtv 2345

Grete Minde
dtv 2377

Ellernklipp
dtv 12469

L' Adultera
dtv 12470

Schach von Wuthenow
dtv 2375

Graf Petöfy
dtv 2412

Unterm Birnbaum
dtv 12372

Cécile
dtv 2361

Irrungen, Wirrungen
dtv 2340

Stine
dtv 12498

Quitt
dtv 2378

Unwiederbringlich
dtv 2349

Mathilde Möhring
Mit einem Nachwort
herausgegeben von
Gotthard Erler
dtv 2350

Frau Jenny Treibel
dtv 8390

Effi Briest
dtv 2366

Die Poggenpuhls
dtv 2398

Der Stechlin
dtv 2367

Klassiker der deutschsprachigen Literatur im dtv

Georg Büchner
Werke und Briefe
Neuausgabe · dtv 12374

H. J. Chr. von Grimmelshausen
Der Abenteuerliche
Simplicissimus Teutsch
dtv 12379

E. T. A. Hoffmann
Die Elixiere des Teufels
Roman · dtv 12377

Gottfried Keller
Liebesgeschichten
dtv 2335
Der grüne Heinrich
dtv 12373

Heinrich von Kleist
Sämtliche Werke und
Briefe in zwei Bänden
Hrsg. von H. Sembdner
dtv 5925

Sämtliche Erzählungen
und Anekdoten
Hrsg. von H. Sembdner
dtv 12493

J. M. R. Lenz
Werke
Dramen, Prosa, Gedichte
dtv 2296

Philipp Melanchthon
Der Lehrer Deutschlands
Herausgegeben von
Hans-Rüdiger Schwab
dtv 2415

Johann Heinrich Pestalozzi
Fabeln
dtv 2323

August von Platen
»Wer die Schönheit
angeschaut mit Augen...«
Ein Lesebuch.
Herausgegeben von
Rüdiger Görner
dtv 2395

Johann Gottfried Seume
Spaziergang nach Syrakus
dtv 12378

Adalbert Stifter
Der Nachsommer
Roman
dtv 2018

Witiko
Roman
dtv 12375

Georg Trakl
Das dichterische Werk
dtv 12496

Klassische Anthologien
in dtv-Originalausgaben

Deutsche Erzählungen des 19. Jahrhunderts
Von Kleist bis Hauptmann
Hrsg. von Joachim Horn, Johann Jokl, Albert Meier, Sibylle von Steinsdorff
dtv 2099

Deutsche Lyrik vom Barock bis zur Gegenwart
Hrsg. von Gerhard Hay und Sibylle von Steinsdorff
dtv 2312

Ich wollt' ein Sträußlein binden
Blumengedichte von Hans Arp bis Walther von der Vogelweide
Hrsg. von Gudrun Bull
dtv 2314

Jüdisches Erzählen
Herausgegeben von Peter Schünemann
dtv 11767

Vom Glück des Reisens zu Lande, zu Wasser und in der Luft
Hrsg. von Ulf Diederichs
Mit Illustrationen von Lucia Obi
dtv 11802

Schilf-Lieder & Binsenweisheiten
Hrsg. von Gudrun Bull
Mit Illustrationen von Lucia Obi
dtv 2344

Ein Rot, ein Grün, ein Grau vorbeigesendet...
Farben in der deutschen Lyrik von der Romantik bis zur Gegenwart
Hrsg. von Joachim Schultz
dtv 2331

Ich fahr so gerne Rad...
Geschichten von der Lust, auf dem eisernen Rosse dahinzujagen.
Hrsg. von Hans-Erhard Lessing
dtv 12017

Ostern
Ein Spaziergang rund um die Welt
Hrsg. von Ulf Diederichs
dtv 12325

Die Kunst des Wanderns
Ein literarisches Lesebuch
Herausgegeben von Alexander Knecht und Günter Stolzenberger
dtv 20030

Deutsche Klassiker
Werke in einem Band
im dtv

Annette von Droste-Hülshoff
Werke in einem Band
Herausgegeben von
Clemens Heselhaus
Balladen, Gedichte, Erzählungen
dtv 2380

Eduard Mörike
Werke in einem Band
Herausgegeben von
Herbert G. Göpfert
Gedichte, Novellen, Märchen, Gelegenheitsschriften
dtv 2381

Joseph von Eichendorff
Werke in einem Band
Herausgegeben von
Wolfdietrich Rasch
Gedichte, Erzählungen
dtv 2382

Novalis
Werke in einem Band
Herausgegeben von
Hans Joachim Mähl und
Richard Samuel
Kommentiert von
Hans-Joachim Simm
unter Mitwirkung von
Agathe Jais
Jugendarbeiten, Gedichte, Hymnen an die Nacht, geistliche Lieder, Erzählung, Roman
dtv 2383

Theodor Storm
Werke in einem Band
Herausgegeben von
Peter Goldammer
Gedichte, Märchen, Novellen, Schriften zur Literatur
dtv 2384

dtv